图说天下
国家地理系列

有一种梦想叫

新疆

移然 著

四川人民出版社

图书在版编目 (CIP) 数据

有一种梦想叫新疆 / 移然著 . — 成都 : 四川人民出版社 , 2018.1 (2025.9 重印)

(图说天下 . 国家地理系列)

ISBN 978-7-220-10677-4

Ⅰ . ①有… Ⅱ . ①移… Ⅲ . ①旅游指南 - 新疆 Ⅳ . ① K928.945

中国版本图书馆 CIP 数据核字 (2017) 第 330088 号

YOU YI ZHONG MENGXIANG JIAO XINJIANG

有一种梦想叫新疆

移然 著

责任编辑	段瑞清
封面设计	罗 雷
版式设计	罗筱玲
责任校对	袁晓红
责任印制	李 剑

出版发行	四川人民出版社 (成都市三色路 238 号)
网 址	http://www.scpph.com
E-mail	scrmcbs@sina.com
新浪微博	@ 四川人民出版社
微信公众号	四川人民出版社
发行部业务电话	(028) 86361653 86361656
防盗版举报电话	(028) 86361661
照 排	
印 刷	北京天宇万达印刷有限公司
成品尺寸	170mm × 240mm
印 张	12
字 数	202 千字
版 次	2018 年 3 月第 1 版
印 次	2025 年 9 月第 4 次印刷
书 号	ISBN 978-7-220-10677-4-01
定 价	49.80 元

前言

FOREWORD

新疆之美，一言难尽。

作为自古以来东西方文化的交汇地，她的美沿着天山与丝绸古道一路飞扬，又被人传播到更远的地方，惊艳世界的目光。从辽阔而丰富的地理环境，到多种多样的生活方式，再到多元的民族和宗教，这片无尽之疆，似有吸引外来人走向更深处的魔力。

在这广阔大地上，有着众多的雪域冰川、叠嶂雄峰、飞泉瀑布、珍奇异兽。金秋时节，在可可托海可以欣赏到世所罕见的地质奇观；在布尔津至阿勒泰沿途可以感受到牧民大转场的壮阔场景；在阿勒泰可以见识到喀纳斯湖的秋色以及极具特色的禾木村；在克拉玛依附近的乌尔禾魔鬼城，可以倾倒在形状怪异的古城风蚀景观以及沙漠地貌；在著名的口岸霍尔果斯更可以膜拜到繁华生动的国际商旅图景……

当天山、昆仑山与它们之间的塔里木盆地进入盛夏，喀什、和田街头就开始叫卖新鲜下树的甜白杏，而在阿尔泰山和天山之间，准噶尔盆地边缘的伊犁河谷不过刚刚由春入夏，新源漫山的野杏林刚刚花尽。沿天山西脉、伊犁河流域，从昭苏大草原、喀拉峻草原直至伊犁河谷最东面的那拉提，草长莺飞，野花次序盛开，牛羊开始转场，大草原的辽阔和哈萨克族同胞的好客，伴随了旅人一路行程，也点亮了无数人心中的自然之梦。

去新疆，就现在！去体验无以言说的美，去见证飞速变化中的传奇，去拥抱一个真正可以感动你、震撼你的世界。

从陆地到海洋，从赤道到两极，
自然在天地之间
积聚了无穷魅力；
从日出到日暮，从远古到今日，
前人在历史长河中
留下了多少的神来之笔，
它们是如此真实地存在着，
或完整或美好地呈现着。

同一片天空下，
变换着不同的风景；
同样的空气中，
弥漫着不同的气息；
同一缕月光里，
回荡着不同的歌声……

梦想没有极限，
美也没有极限。
抑扬顿挫间，
大自然已把淡妆浓抹的
万种风情，
悉堆在眼角眉间。

以向往美的心灵作证，
你可以用有限的空间，
来容纳无限的美。
这个世界从不缺乏美，
只要
你有一颗不断感悟的心。

contents 目录

CHAPTER 1

只在这里！云海间的至美奇观

CHAPTER 2

那些色彩，不可错过的新疆

CHAPTER 3

一路向西，丝绸之路上的回响

CHAPTER 4

神灵的后花园，那些还未被打扰的美丽

Chapter 1

只在这里！云海间的至美奇观

▲天山是世界七大山系之一，身处天山的雄奇壮美中，一定会感叹大自然的鬼斧神工。

Tianshan

就是那座天山，

有最传奇的风景和最美的人

她是一个神秘的故事，从遥远的天边带来了侠骨柔情的传奇，引发了无数人的遐思。

再没有一处地方可以超越她的奇峻至美，或热烈，或柔情，或明媚，那复杂而绚烂的美，在她的身上展露无遗。

她是一个充满了生命力的神女，在绵延几千里的山脉之中，处处都在显示着自然的神奇，在高山峡谷之中，在草原湖泊之外，无处不展示着生命之美。

奔赴她而去，一路满怀着朝圣的心情，她就在雪峰之上等待着你。

仙境传奇，你不能错过的圣山

在新疆人的心里，要将这么多美景逐一排序是最困难的一件事，哪一个都不忍割舍啊！但如果问起对于一个初来乍到的旅人最值得推荐的去处，他们定然会说：那就先去天山呗。到了那里，就什么都不想了。

果真如此？天山在新疆人的心目中地位如此崇高吗？

从乌鲁木齐出发，一路疾驰，不过一百多千米的距离，一座雄奇的山脉就会在天边逐渐露出自己高大的身影来。

▲天山海拔在3800米往上属积雪带，这里常年覆盖着厚厚的冰雪。

从远处望天山，你会以为那是匍匐在天际的一条巨龙，似乎在酣睡，却又隐隐感觉有风雷之声，凛然不可侵犯，那可是巨龙无法掩藏的强大气场，令人心中不由得充满了敬畏与憧憬。

天山在望，想要接近她却不是一时半刻就能做到的，一方面是因为远处的风景总是需要跋涉方可撷取，另一方面是因为天山脚下如同画卷一样徐徐展开的美景，实在留人！如果你是一个摄影爱好者，在牛羊成群的草原上，眼看着牧场如同绿毯一样延展开来，有小溪流水，也有湖泊如镜，便肯定挪不动脚了。不过也不用着急，牧人会告诉你：天山不会走远，她一直在那里等着你。

能够把新疆这么广袤的地域一分为二，可见天山的雄奇壮美果然名不虚传。横亘于新疆中部的她，早在先秦

❶ 从远处眺望天山
❷ 天山积雪常年不化
❸ 雪岭云杉是天山林海的特有树种
❹ 进入天山的一条盘山路

成书的《山海经》里，就已经被人们当作是新疆的精神象征了。如此崇高的地位可不是浪得虚名，当时的人们将她和昆仑山相提并论，分别称之为南山和北山。如果没有了北山的护佑，也许这片土地就不会如同现在这么祥和了。

经过一路跋涉，雄伟的山体也逐渐靠近了。这座长达2500千米、南北宽350千米的巨山，不仅气势磅礴、物产丰富，你更能在每一步的行走中体会到她奇异的风光。在这里，海拔超过6000米的高峰就有40多座，其中最高的托姆尔峰海拔7435.3米，难怪它在维吾尔语中的名字是“铁峰”。

能够跻身世界名山之列，这里的每一座高峰都功不可没。而当你走进她们的时候，你会发现她们每一座都各有风情，有的身姿妖娆，有的高冷不可亲近，有的却显得温和很多，她们从远处便接引着你的脚步，一步步送你登到顶峰。

登山不是一件容易的事，登天山对每一个人来说都是一次考验。你发现自己一路上会又忙又累，因为你在攀爬的同时还要不断捕捉和记录身边的风景，每走一步几乎都可以发现一处神奇的所在，花海如同世外仙境，牛羊如同绿茵上的珍珠，无边的森林如同一则神秘的故事等待你去阅读，而每登高一段距离，你就会惊叹自己的视野何止开阔了千里，每一步都像在打开你人生的新高度。

天山固然美，可你若不能坚持到最后，可就无缘这份美丽了。由于天山海拔太高，地形的变化会带来让人捉摸不定的气候变换，早晚之间的温差可以达到15℃，让你体验从夏天来到冬天的刺激。

人们总是对天山充满向往，和这座山脉的传奇色彩密不可分。数千年来，有无数的传奇故事在这里发生，且不说在记述周穆王巡游的《穆天子传》里，

▲湖水中倒映着天山美丽的身影。

“天山给人一种稀有的美丽，更给人一种无限的柔情，她日里披满阳光，夜里缀满星辰，仿佛大自然的眷顾都留在了这里。”

▲天山群像

这里就是西王母款待周穆王的地方。现代的武侠小说中，天山的地位更是不可忽视，各类武侠著作中，绝世高人都是居住在这里的。当你真正登上这座山峰，你会发现之所以会有那么多传奇发生在这里，是因为这里本身就是一个传奇。

群山之神，雪海帝王博格达

距今3亿年前，天山原本是一片汪洋大海，历经几次地壳巨变，曾经沧海变成了如今的巍峨高山。由于这里多次受到冰雪侵袭，冰川一路延伸，所以也就遗留下诸多的冰峰。而这其中堪称雪海帝王的博格达峰则是许多登山家觊觎的最大目标。

登天山不仅可以经历四季，从繁花似锦到冰天雪地，还可以领略丰富的地貌，从草原一直到冰川，甚至是冰雪覆盖的无人绝顶，让你顿感酣畅淋漓。

天山的冰川是一绝，在海拔1000米以下的地方有许多古冰川侵蚀和堆积的地貌，让来到这里的人恍惚如同抵达仙境。超过7000条冰川让这里变成了各类冰川地貌的博物馆。有的时候，你以为自己行走在坚实的土地上，却不知道脚下正沉睡着一条巨大的冰龙。这种感觉非常奇妙刺激，也让人更加惊叹自然的伟大和天山的神奇。

沿着冰川一路而上，在天山东段山脉之中，博格达就像是一个高傲的君主俯视着世间。虽然在天山雪峰之中，它并不是最高的一座，但其傲然而立的姿态、独特的地理环境，却让博格达峰成为天山的“灵山”。

据当地的老人介绍，“博格达”这个词并不是维吾尔语，而是蒙古语，意思是“神灵”。这座山峰虽被冰雪覆盖，有变幻莫测的风雪，同时也遍布着丰富的植被，天山的神性几乎都体现在了博格达峰之上，也难怪它被视为天山神峰、祖峰。凡是经过这里的人，不管是平民还是显贵，都要下马进行朝拜，既是为了表达对于神峰的崇敬之情，同时也是希望可以获得神峰的保佑，享有富饶的丰年。

博格达峰的海拔有5445米，虽然不是天山第一高峰，但挑战它的难度却也不低。在主峰的东西两侧，分别有七座海拔5000米以上的高峰，陡峭的山体坡度有时可以达到惊人的80度，站在下面看上一眼都会让人双腿打战，想要登顶的决心顿时消减一半。

沿着北坡攀登是目前发现的攀登博格达峰最便捷的一条路，即便如此，脚下的冰川和陡峭的山体还总是让人心惊肉跳。而当你站在山坡上回头，远眺一碧千里的牧场和充满生机的森林，羊群在山脚下自由自在地游走，远处的雄鹰从天际呼啸而过。站在峭壁上的你一定会觉得任何烦恼在这样的天地之间都变得如同沙砾一般不值一提。

在画家的眼中，博格达峰是世界上颜色最丰富的调色盘，没有任何一个人可以制造出这样多变的色彩。来到这里的人不光是为了体验那沁人的凉爽，也为了它万壑流芳的美景。行进在遮天蔽日的原始森林和一望无际的草原山甸之中，攀缘在雪豹出没的雪线之上，你能够听到密林深处不时传来的马鹿呦呦，能够一览五彩缤纷的山花之海。而到了冰川之上，终年积雪的冰峰在阳光之下闪耀着白亮的光芒，如同钻石一样晃眼，与山谷之中的高山湖交相辉映，组合出了高山雪原独特的景象。

神池浩渺，把天池镶嵌在天空上

天山究竟有多少副面孔，就算是生活在山脚下多年的维吾尔族老人也说不出来，因为她如此多变，不同季节和环境之下的美难以尽述。冬日里的天山“万山堆积雪，积雪压万山”，到处都是一片白浪，显得圣洁无比。而到了夏天，到处都是塔松连成片，遮天蔽日，宛如一把把巨大的绿伞，为你遮蔽阴凉。而不管冬夏，天山上的高山湖都是最吸引人的。

由于特殊的地理构造，天山在几次地壳变化的过程之中形成了许多高山水泊，它们毫无规则地散布在山顶和峡谷之中，点缀着神山的风韵，不管是冬天还是夏天，都熠熠生辉，在你每一次远眺的时候都展现出不同的光彩，是惊喜，更是莫名的吸引。在博格达峰北侧，绚烂山花的深处，更有一片迷人的水面，那就是令无数人魂牵梦萦的天池。

天池由三个湖面组成，东侧的东小天池古称黑龙潭，传说是西王母梳洗的地方。在潭下有百丈悬崖，瀑布飞流直下，恰似从天而降的长虹。西侧的西小

天池清水幽邃，好像一个铜盆，传说这里是西王母洗浴的地方，所以又被称为“玉女潭”。

作为一座高山湖泊，天池狭长的水面显得曲折有致，而高山上的冰雪融水和泉水融汇在一起，青山环抱着充盈的天池水，与湖畔上的苍翠云杉一起构成了一幅难得一见的高山美景图。

凡是来到天池的人，都会为她宛如世外神女一般的气质所惊艳。且不说湖水有多么晶莹剔透，宛如少女肌肤一般明丽，在蓝天的映衬之下又如同柔滑的美玉。整个湖面是那么宽阔，如果你有足够的毅力，可以等到皓月升起，那时候的天池天高云淡，清明无限，龙潭碧月的美景一定可以让你忘记任何语言。回头再望池旁的飞瀑，如同一道银河从天而落，让人产生玉带银帘的错觉。顺着山道，在月光的映照下一路攀登到闻涛亭去，赏月观瀑，眼见翠松碧水，耳闻水声震谷，是你在别处不能获得的体验。

随着越来越靠近天池，你会发现空气似乎也越来越清凉了，就算是炎炎夏日也感觉分外凉爽。来到湖畔，湖水不断拍打着嶙峋巨石，溅起一大片雪白的水花。远望山坡上别致的亭台，还有远处博格达峰散发出的神圣金辉，这一切的秀美与壮丽都倒映在一泓碧水之中，让人心旷神怡，怀疑这一切是否真实存在。

如果时间充裕，你可以在天池旁找一块方正的巨石，安静地坐下来，感受一下天山微风拂过耳畔时留下的窃窃私语，而那清凉的水汽也定会让你忘记俗世的纷扰。驻足远眺山下，绿色的海浪此起彼伏，环山绿草，羊群游弋，更有千年冰峰银装素裹，神峻异常，如同一个个神将在守卫着这片湖水的宁静和纯净。

天池的美是沉静的，更是明朗的，她显得那么明艳，如同一个开朗的维吾尔族少女，让整个世界都变得轻灵温润，闪动着最动人的光辉。

如果说天池蕴含了天山的精魂，那么博格达峰则代表着天山的脊梁，四季常青的塔松和云杉是天山的衣衫，随处可见的野蔷薇和绚丽百花就是她的笑靥，行走在南北坡茂密森林里的灵鹿和百兽是她轻灵的足迹，而雪线上凌寒怒放的雪莲便是她不灭的灵气。

天山之美，虽在天边，却也并不遥远。想要体验世外仙山的空灵和壮美，你又怎么能错过她呢。

◀天山天池

远远望去，乔戈里峰就像一座白色的金字塔。

Qiaogelifeng

乔戈里峰，

在望见天堂的山巅遇上白色女神

山麓的植物

峰顶的旗云

她是横亘在中巴边境的白色金字塔，在苍穹之下傲然而立，雪白的尖峰一直都是人类仰望的终极巅峰。虽然她是世界第二高峰，海拔高度仅次于世界第一高峰珠穆朗玛，但是从攀登难度和死亡比例来看，她却堪称第一！

这就是乔戈里峰，一座可以让你挑战人类极限和望见天堂的山峰。

1

2

万山之父，望见天堂的山巅

2000年，一部名为《垂直极限》的冒险大片风靡全球，好莱坞精致的电影制作手法，将一个冰峰救险的故事演绎得精彩绝伦。而故事的背景就是举世闻名的乔戈里峰。

在塔吉克语中，“乔戈里”的意思是“高大雄伟”；在当地的巴蒂斯语中，它的意思是“洁白的神峰”。她傲然矗立在喀喇昆仑山脉，矗立在中国新疆和巴基斯坦的边界上，就像是一个肃穆的守护者，卓尔不群。

乔戈里峰属于中国的一侧，位于新疆叶城县境内。这里是南疆重镇，驱车沿着新藏公路一直到麻扎，再沿着简易公路行进25千米抵达麻扎达拉，然后还需要步行90千米，才能够抵达乔戈里峰登山大本营。即便如此艰难，来到这里的探险家和登山队依旧络绎不绝。很多登山者都会携带专业的登山器械、帐篷，雇用当地的马夫送他们来到山脚下，一睹其绝世风采。

来到乔戈里峰，第一眼被惊艳的就是它的云朵。这座雄伟的大山好像一个轮廓硬朗的汉子，而缭绕在山巅之上的一缕缕洁白的云彩，就好像一面挂在山峰上的旗子在迎风招展，当地人把这叫作旗云。凡是来到乔戈里峰的人都会被它召唤，在和天空、大地、日月、星辰的对视中，一定能感受到它永恒不灭的气息。

从轮廓上看，乔戈里峰是每一个不谙世事的孩子们心中最理想的大山——一座巨大的黑石上，覆盖着白色的雪，犹如一座锯齿状的金字塔，这样的造型让它的四壁都变成了噩梦一样的峭壁。3000米的高崖就像直插冰原的一把利剑，显得不容侵犯，但却激发了不少探险者的征服欲，一心想要与这座神山一较高下。

作为中西交通要道的重要隘口，想征服这座平均海拔6000米以上大山的人比你想象的还要多。法显、玄奘、马可·波罗，这些历史上著名的人物也都曾瞻仰过它崔嵬的身姿，并为它惊叹不已。一直到1954年，乔戈里峰才被意大利登山队的2名队员征服，他们经过的是巴基斯坦一侧的东南山脊，而位于中国的乔戈里峰北坡一侧，一直到1982年之后才被征服。

虽然南侧的冰川气势十分磅礴，但位于我国境内的北侧冰川却在数量上远超南坡。如果想要从北坡登上乔戈里峰，必须要穿越斯科杨冰川、乔戈里冰川、龙博拉格冰川和音苏盖提冰川。这四条冰川和喀喇昆仑山其他的冰川相比，只是其中的小弟，但你也不要因此小觑它们，就拿音苏盖提冰川来说，占地面积达329平方千米的它，远远超出了地中海岛国马耳他、印度洋岛国马尔代夫的面积了。

❶ 乔戈里峰看上去像一座锯齿状的金字塔

❷ 生活在当地的老人

❸ 被称为“野蛮暴峰”的乔戈里峰

❹ 乔戈里峰一直是探险者的天堂

❺ 进入乔戈里峰的山路

野蛮暴峰，没有回报的山峰

虽然乔戈里峰是世界第二高山峰，但是在攀登难度和死亡比例上，它远远高于第一高峰珠穆朗玛峰，登山者的死亡率是1:7，这个可怕的数字为它带来了“野蛮暴峰”的称号。

在国际上，乔戈里峰有一个更加通行的名字叫作K2，K是喀喇昆仑山脉英文名的首字母，而2则代表它是喀喇昆仑山脉第二个被人类考察过的山峰。由于这里地形险恶、气候恶劣，来一探这座野蛮暴峰风姿的人几乎都可以算是英雄，在这样一个荒凉偏僻的地方游览，衣食住行都必须要自行解决。漫长的进山道路之中，气候会随着海拔一直变

“因它最奇崛，却也最拨弄心弦，内心总涌起一股渴望，想要去见证那番壮美，那番动人，因为盛景总在险峰。”

化，准备充足的衣物和药品是必不可少的。

珠峰比乔戈里峰高240多米，可是乔戈里峰对于登山者的巨大的技术考验却一点都不低于珠峰。随着科技越来越发达，登上珠峰变得越来越安全，而乔戈里峰仍象征着大山对人类意志和能力的最大考验。于2004年登上乔戈里峰的威尔克曾经说过：登上珠峰不过是小菜一碟，而乔戈里是巅峰之中的巅峰，因为它最危险、最野性、最难以想象，攀登难度也最大！

乔戈里峰的进山路线是我国目前开放山峰中最长的，从南疆重镇叶城乘坐汽车，沿着新藏公路到麻扎，再沿着简易公路行走25千米到达麻扎达拉。从这里出发，还需步行6天才能够达到海拔3924米的音红滩，这里也是攀登乔戈里峰的大本营。全长约90千米的进站路线中，你需要翻越海拔4800米的阿格勒达坂，进入克勒青河谷。很多登山者都会避开7、8月进山，因为这个时节克勒青河河水正暴涨，就算是最矫健的骏马都无法通过。

高高在上的雪峰会让你时刻怀有一种朝圣般的心情，而脚下不断绵延的冰川却会让你总是战战兢兢。音苏盖提冰川是中国目前最大的冰川，长达30千米。当这片冰川的冰融化，便会注入叶尔羌河。站在登山大本营眺望这片冰川，似乎是每一个登山者必备的功课，巨大的冰川和规模不同的十几条冰河汇聚成了树枝状的山谷冰川，无数的冰塔在阳光之下晶莹闪烁。

去乔戈里峰的道路，视野宽阔，但同时寂静得可怕，你只能看到骆驼队在两岸直插云霄的山峰之下行走，显得那么渺小。有时候，路上会遇上狂风，它能卷起河床上的沙砾，重重地打在登山者的脸上，逼着你低头前行。而有时候，浓雾也会笼罩着眼前的一切，让远处的乔戈里峰隐身在云层之上，充满了魔幻感。行走在此，还会有一些意外的惊喜，生活在这里的金黄色藏野驴，体态优美，如同神物，它们会在路边静静地注视着远道而来的登山者，就好像是乔戈里峰派来的迎接使者。

临近乔戈里峰的时候，克勒青河的皱褶地质景观和裂隙泉也是别处不会再有的奇特景致。虽然新疆也有很多的皱褶地质景观，但都比不上这里，这里高近百米、长达1000米的黑色变质岩层，形成了各种奇特的姿态，囊括了地层受力之后形成的各种现象，是喜马拉雅造山运动典型特征的体现，这也就难怪除了那些探险者、摄影爱好者之外，地质学家最爱来乔戈里了。

在乔戈里伽雪布鲁姆营地附近，你会听到哗哗的水流声，它就是乔戈里裂隙泉。从裂隙泉中渗出的泉水流量很大，几百米之外都可以听到它的水声，水流过的地方长满了红柳，并形成方圆

▼乔戈里峰的进山队伍

乔戈里峰上积雪常年不化，且攀登难度大，进山之时，骆驼是非常重要的交通工具。

1000米的沼泽。裂隙泉从河谷的陡壁岩层中渗透而出，因为有一定的落差，所以会形成20多米宽、5米高的瀑布。透过瀑布，你还可以发现很多黑色的岩壁上伴生着红色的颗粒状岩石，就好像是昆仑山的“水帘洞”一样，是克勒青河一大景观。

无憾，拍下此生最美的照片

对于很多人来说，这一生都很难有机会尝试接近乔戈里峰，但是有很多登山爱好者愿意尽其一生来攀登它，也有很多摄影爱好者愿意拼尽全力，透过镜头捕捉乔戈里峰的身姿。

因为天气多变，想拍摄到它不仅要长途跋涉，还要看老天爷是否给面子。当你骑着骆驼到了登山大本营河谷，它的神秘尊容也许还隐藏在云雾之中，而此时你能做的就只有等待了。

拍摄乔戈里最佳的位置是乔戈里冰川右侧平台，站在这里，你可以看到深谷之中的冰川，以及覆盖在冰川之上黑色的冰川砾石，并且可以望见被夕阳映红的乔戈里峰。

背上你的照相机，沿着陡峭的山坡，一边用冰镐挖出落脚的坑，一边用手支撑着坡面，一路下到谷底。在乱石

▲攀登乔戈里峰的探险者

◀被夕阳映红的乔戈里峰，周围白云飘浮，像一面迎风飞扬的旗子，这些云也被称为旗云。

Special达人说

喀喇昆仑山海拔较高，空气稀薄，极度缺氧，如果你想要挑战这里，必须在出发前2个月就加强体能训练。在高原之上，体格大而且性格温驯的骆驼是最好的代步工具，但同时也要听从骆驼工的安排，他们会告诉你哪些地方可以骑，哪些地方需要步行通过，尤其是在骑着骆驼蹚河时更要注意。预防感冒是高原生存的头等大事，每天按时喝板蓝根冲剂和三九感冒冲剂，可以让你有效地避免感冒的威胁。头痛是高山反应中最强烈的症状，如果实在难以忍受，可以将阿司匹林嚼碎后用开水冲下。不管是高原冰川还是乔戈里峰，都不是轻易可以接近的，如果你心存志向，就一定要做好前期准备工作。

累累的山坡上寻找前进的道路，你会看到乱石之中有很多绑着黄丝带的石头，这都是登山运动员摆在那里，作为路标参考用的。对于生活在低海拔的人来说，在这4500米海拔的乱石之上行走，一两个钟头下来就会气喘吁吁、步履维艰，嗓子里渴得直冒烟。这里的石头缝里有很多积雪，非常纯净，就像是白砂糖一样，登山者有时候会忍不住抓起来吃，但越吃反而会越渴，所以有经验的向导都会及时地阻止吃雪。

经过一道山脊之后，可以走到乔戈里冰川最前沿，在这里的山坡上找到巨石作为落脚点和拍摄点。面对高耸入云的乔戈里，你会认为自己的任何付出都是值得的。因为从下午4点钟左右开始，你就可以得到也许是此生拍过最美的照片了，一直到晚上9点多钟，你在这里按下的每一次快门都会非常珍贵。

喀喇昆仑山脉的积雪，在阳光之下永世不消并且熠熠生辉，它们簇拥着乔戈里峰伟岸的身躯钻出云层，傲立于天地之间。对于勇敢者而言，乔戈里是一个充满了无尽诱惑的圣地，更是一座让人直面极限的终极巅峰。如果山也有雌雄之风，乔戈里峰是当之无愧的山中至刚，用无以匹敌的险峻与诡异气候，维护着自己的神秘和尊严。

Kanasi

探寻巨鱼之谜，神秘的至美净土 喀纳斯湖

喀纳斯湖是一种诱惑，那么多未解之谜，深藏于阿尔泰山林之中，让旅人一路驰骋，只为揭开她的面纱，一窥其至美真容。

宛如飞龙的卧龙湾、玲珑精致的月亮湾、云蒸霞蔚的神仙湾，无一不是让人们向往的仙境。

❶ 喀纳斯湖卧龙湾

❷ 喀纳斯禾木村寨的秋景

❸ 俯瞰卧龙湾

❹ 喀纳斯湖月亮湾

秋色明丽的禾木村寨，古朴原始的图瓦木屋，雾霭缥缈的金色白桦林，这里到处都是令人惊艳的风景。更别提至今未曾解密的喀纳斯巨鱼湖怪。当你真的站在她身边，你会发现一切的语言都那么苍白。

▲从高处俯瞰喀纳斯湖，宁静的表面蕴藏着一种神秘的气息。

4

3

高山湖泊之间的东方瑞士

如果只有一次去新疆的机会，应该选择去哪儿呢？

有一位常驻新疆腹地30年的老记者说：喀纳斯，因为到了那里你才知道什么是人间天堂。

长期以来，喀纳斯的美丽并不为外人所熟知，因为它地处偏远，在阿尔泰山脉的深处。从乌鲁木齐出发要历经数百千米、十几个小时才能抵达附近的布尔津县，大多数游客到了这里都要稍做喘息，才能继续转车前往喀纳斯。

作为新疆三大山系之一，阿尔泰山脉地处中、蒙、俄三国的交界处，不仅地理位置很独特，而且海拔四千多米的最高峰友谊峰至今还是人迹未至的处女峰。许多登山爱好者和冒险者都希望叩开这座高峰的大门，但想要抵达这里，却必须穿越一千多米长的喀纳斯峡谷，穿越喀纳斯湖区和原始丛林，还有让人望而生畏的果戈习盖达坂冰川地带。这期间有沼泽，也有走兽，危险万分。一路历经艰险，但很多探险者都坚忍无惧，一旦他们抵达喀纳斯湖，就会被这里的美景和美味羁绊住脚步。

新疆老人说起喀纳斯，使用的语言都是最优美的。这里的地质、地形如此奇特，第三次古冰川遗留下来的数以千计的湖泊，是新疆人心目中天堂的样子。由于冰川时代遗留下的冰碛物堆积堰塞，让喀纳斯河道堵塞，从而积水形成了弯月形的喀纳斯湖，更被称为东方瑞士，是每个人心中至美的人间净土。

喀纳斯湖究竟有多美？最先了解它的是很多来自欧洲和日本的探险队，他们在这里拍摄了绝美的纪录片，惊艳了世界，吸引了很多探险爱好者来到这片未开垦的处女地。静卧于群山之间的喀纳斯湖也逐渐揭开了她的面纱。

来喀纳斯寻梦，每个季节都会有独特的体验和收获，而最被推崇的则是9月，因为这个时候的喀纳斯堪称“纯金时节”。在秋风的抚弄下，喀纳斯层林尽染，满目流金，黄枝红叶充斥在青山白雪之间，湖畔图瓦人的原木小屋散布其间，炊烟袅袅，奶酒飘香，不管从哪个角度看，都是一幅让人为之沉迷的画卷。

经布尔津县一夜休整后，在秋日的清晨来到喀纳斯湖畔，你会发现湖面好似一弯月牙，弯月内侧东岸有六道向着湖心凸出的水湾。这六道湾是喀纳斯湖献给旅人的第一份礼物，头一道湾有一个巨大的羊背石；第三道湾是欣赏湖上落日的最佳观赏点；在第四道湾，你还可能探寻到最神秘的喀纳斯湖怪。这也是喀纳斯湖最受欢迎的月亮湾、卧龙湾和神仙湾。

沿着喀纳斯的湖堤行走，眼前是碧玉一般的湖水，远处是画卷一样的群山，令人着迷。

在喀纳斯最北端的入湖口，无数枯木在大自然之手的推动下聚集在这里，形成了一条百多米宽、两千米长的“千米枯木长堤”。之所以说它是喀纳斯奇观之一，是因为这道长堤枯木纵横交错，会随着湖水的涨落而浮动。洪水时期，枯木长堤会自动漂起来，并且它们不会随波逐流向下游浮动，而是逆流而上，一直漂浮到喀纳斯湖最上游的第六道湾。曾经有好奇的人们将这些枯木扔到下游的水流，却发现它们还是会逆流回到老地方，似乎湖中有一种神秘的力量在推动它们一样，让人费解。

变色之谜，幽深湖水下的秘密

很多人在金秋时节来到喀纳斯湖，欣赏它的世外之美，可是当他们和不同

季节来到这里的人们谈起喀纳斯湖的时候，却总会起争执，并且各自都认为对方在撒谎，因为他们看到的喀纳斯居然是不一样的。

春天来到喀纳斯湖的人声称，这座美丽的湖泊是青灰色的，因为5月的时候山上的冰雪消融，湖水在阳光的照耀下发出青灰色的光芒。而6月来的人却发现，湖水随着四周植物的生长和水量的增多，呈现出碧玉一样的浅绿色或者碧蓝色。到了7月，洪水期到来，大量的河水从上游流到了喀纳斯湖之中，你看到的湖水也就变成了微微带着一些蓝绿的乳白色。随着湖水补给的减少，9月和10

❶ 喀纳斯湖畔两岸云杉林立，与湖水互相映衬，更添美丽。

❷ 喀纳斯的冬天，图瓦村的牧牛自如行走，它们也是这里的主人。

❸ 春季的喀纳斯湖，呈现出碧玉一样的浅绿色。

❹ 秋季的喀纳斯湖，岸旁树木葱茏，满目流金，更像是一幅多彩的油画。

❺ 喀纳斯湖水怪的传说，在这里流传。

1

2

3

4

5

▲喀纳斯湖畔的图瓦人居住在用松木搭建的塔形的木楞屋，他们以大山森林为背景，见证着喀纳斯湖一年四季的变幻。

月的喀纳斯湖变得平静，湖畔的植物倒映在湖面上，在秋日的阳光之下湖水也显得光彩夺目，如同一幅色彩缤纷的油画。一直到冬日，12月的寒风将湖面封冻起来，湖水变成了一面白色的水晶镜子，平静得如同时间已经静止一般。

一代天骄成吉思汗曾经在这里驻足，他也搞不懂这湖水为什么会如此多变，思索中他无意在湖畔留下了清晰的脚印，一左一右错落有致地留在那里。但究竟为什么这湖的颜色如此丰富多彩呢？难道这又是大自然神力所致？

如果你走进在喀纳斯湖畔生活了四百多年的图瓦人家中，向他们询问湖水变色的原因，他们就会告诉你这是神的作为，因为喀纳斯湖和阿尔泰山中居住了很多神祇。而来这里勘探的科学家却告诉人们，引发湖水变色的首要原因是喀纳斯河上游的河水所含的矿物成分的变化，其次是湖畔周围群山植物随着季节的不同演绎出了不同的色彩，倒映在湖水中，阳光经过不同角度的变化，对湖水颜色产生了影响。

科学虽看起来无趣，却让我们更加认识到这个世界的真面目。七八月间的喀纳斯湖呈现乳白色，是因为此时的湖水来源于阿尔泰山友谊峰南坡喀纳斯冰川的融水。喀纳斯冰川作用于周围的浅色花岗岩，将岩石挤压研磨，形成了白色粉末混合在冰层中。夏季来临，带着白色花岗岩粉末的冰川融化，大量的融水和雨水一起进入喀纳斯河，经过阿克库勒的白湖，再向下游一直汇入喀纳斯湖，就将喀纳斯湖也变成了乳白色。而其他季节的湖水颜色也多是与此类似的成因。

巨鱼之谜，喀纳斯湖怪

在蒙古语中，喀纳斯的意思是“美丽而神秘的湖”。这片湖水之中确实有很多未解之谜，吸引着很多人来到这里进行探究，而这其中最为著名的就是喀纳斯湖怪的传说了。

最初关于喀纳斯湖怪的传说来自居住在喀纳斯湖畔的图瓦人。这个古老的族群，以游牧和狩猎为生，有人说他们是当年成吉思汗西征时候留下的士兵后裔，也有人认为图瓦人的祖先是500年前从西伯利亚迁徙而来，与现代俄罗斯图瓦共和国的图瓦人属于同一血脉。

居住在用松木搭建的塔形木屋中的图瓦人非常热情好客。喝着图瓦人用特殊方法烹制的奶茶和奶酒，听图瓦老人讲述湖怪的故事，也是一番独特的体验。据图瓦老人说，这湖中的水怪经常会将在湖畔饮水的马匹拖下水去，有时候站在山顶还可以看到湖水翻起一朵朵浪花，有一个巨大的影子在浪花下面游动。曾经有人用望远镜观察，发现浪花下有一条红色的巨兽缓缓游过，并迅速地消失。甚至还有人看到不止一个巨兽，而是看到了几十个、上百个。

这究竟是什么怪物？很多好奇的探险者与科学家也来这里一探究竟。来的人越多，关于水怪的传说也越离奇，让喀纳斯湖水怪成了世界之谜。

解开喀纳斯湖水怪之谜的是新疆大学一位教授，1985年，他带着考察队驻扎在湖畔，经过长时间观察，发现湖面有很多红褐色的圆点，看上去好像是蝌蚪一样的鱼头，这些巨大的暗影隐约有六十多条，每一个都在10米以上。

为了揭开谜团，考察队想捕捉一条大红鱼出来。但不管用羊腿还是野鸭子做诱饵，巨鱼都没有上钩，还扯断了牛皮做的渔线和渔网。1988年，科学家在喀纳斯湖捕捞出了70多厘米长的哲罗鲑，关于湖怪是巨鱼的猜想才逐渐被印证。

据推测，被称为湖怪的喀纳斯巨鱼应该就是哲罗鲑，这种鱼生性凶猛、行为诡异，且具有极强的攻击性，经常会冲出水面吃浮在水上的野鸭等水禽。在繁殖季节，哲罗鲑会通体变成红色，正好符合红色巨鱼的特征。但也有人提出哲罗鲑最大的也就4米，而喀纳斯湖中的巨鱼很多都是十多米长，这一点至今无法解释清楚。湖怪之谜让这片湖泊变得更加魅力无穷。如果你亲身到湖畔去观察一番，也许会有不同寻常的发现。

阿尔泰山蜿蜒绵长，淋漓尽致地张扬着自己的色彩；喀纳斯湖神秘莫测，让人充满了遐想。当你终于站在它身边静心凝望，岸边多姿的树影、清澈明媚的阳光，全都聚集在湖水中，你会发现自己对望的是大自然最美妙的那双眸子。

▲阳光中的木屋和树影

Takelamagan

流动的沙之国：塔克拉玛干沙漠

她是世界上第二大流动沙漠，沙丘高度世界第一，有着世界上面积最大的流动性沙丘，人们说它的名字就叫作“进得去，出不来”。

在维吾尔语中，塔克拉玛干的意思就是“被遗弃的故乡”，几乎在大家的印象中，她就是一个漫天黄沙包围着的沙丘，一眼望不到边的沙漠……

少年时代听人说起沙漠，总是以为“平沙莽莽黄入天”，是一派的死气沉沉，是生命的荒芜之地。但是在塔克拉玛干，你会真正认识到生命无所不在，就算是被公认为“死亡之海”，也一样有着生命的春天。

死亡之海的“魅”与“惑”

在新疆天山和昆仑山之间的塔里木

▼塔克拉玛干沙漠的胡杨林

胡杨林被称为“第三纪活化石”。塔克拉玛干的胡杨林秋色别有一番风情，无论是朝霞映染，还是身披夕阳，它在给人以神秘感的同时，也让人解读到生机与希望。

▲被称为“死亡之海”的塔克拉玛干沙漠

盆地是一个让无数人神往的地方。它曾经被人称为亚洲的腹地、亚洲的心脏。而塔克拉玛干的存在，是塔里木最被人铭记的标识。

有人称塔克拉玛干为“死亡之海”，但另有一种说法虽然不太流行，却意味深长。“塔克拉”是新疆塔里木地区使用吐火罗语的部分原始居民吐火罗人的转音译音，而“玛干”在西北民族语言以及波斯语之中有“家园”之意。所以有人认为塔克拉玛干就是“吐火罗人的家园”的含义，隋唐时期，吐火罗人的确生活在这里。

奔流不息的内陆河，为塔克拉玛干营造出了人类文明的萌生、发展、融会的空间。与丝绸之路相伴，不同的民族在这里休养生息。在塔克拉玛干，高度发达的古代文明至今依旧与沙海死界并存，流沙之下潜藏着独具特色的绿洲遗址，为世人演绎着历史与现实、过往与今天的交错。

在丝绸之路上行走的人们，都听说过一个传说：塔克拉玛干之中，被流沙掩埋的城邦多达300座。从那些历史悠久、被发现的时候还可以饮用的砖茶，以及成磅的金币之中，传说不断被强化，让人们深信不疑。这片东西长1000千米，南北宽400千米，占地面积33.76

沙漠中行进的驼队

“广袤的沙漠，沙海连绵，戈壁无垠，林海葱郁，驼铃声声，金色的胡杨与湛蓝的天空竞相辉映，奏响了生命之魂的赞歌。”

▶穿越沙漠腹地的河流

万平方千米的沙漠，成为不能被生物插足的地方。

可是随着时间的推移，人们发现这里不只有走不完、看不尽的沙丘和踏浪前行的沙漠之舟，还有“大漠孤烟直，长河落日圆”的奇景，以及被风沙掩埋的神秘古道，在人迹罕至的死亡之海中还有穿越腹地的河流，两岸甚至郁郁葱葱地长满了胡杨树。所有的这些都被漫漫黄沙遮掩着，不为人所知。

然而，造物者不忍心让这样的美被掩盖，他留了一个窥视塔克拉玛干之美的窗口，那就是被誉为神仙山、通圣山的红白山。大漠之中的诸多景观都汇聚在这里，你不用经历过多的劳顿，就可以登临突兀于沙海之间的山巅之上，俯瞰穿越塔克拉玛干腹地的大河，走进神秘的城堡，遥想当年古战场上刀光剑影、殊死搏杀的血色场面；你还可以漫步在大漠古道，追寻前人的踪迹，饱览瀚海奇山。

红白山位于墨玉县喀瓦克乡，距离乌鲁木齐1000多千米，距离和田市180千米，它守护着塔克拉玛干沙漠的西缘，也是唯一横亘其间的绵长山体。虽然这座山并不高，可是在茫茫沙海之中，显得格外醒目。

如果你是夏日里来到红白山，滔滔的洪水在山下的河床奔腾而过，你会看到山头都快要被洪水浸没了。远远看过去，红白山好像一条卧在河岸的巨龙正探首豪饮。登到山顶上俯瞰，只见宽阔的和田河波涛汹涌、浊浪滔天，由南而北滚滚而来，两岸茂密的胡杨林也一样林涛起伏，波澜壮阔，到处都是一片生机，谁会相信这里居然是“死亡之海”呢？

回过头再向北望去，你会看到另一番截然不同的景象与世界。沿着山脚向西，眼前是一片荒漠，似乎传说之中的死亡之海笼罩着你。在大风推动下，一排排宛如鱼鳞的沙丘就像是大海的波浪，由南向北而来。

更令人诧异的是横亘东西的红白山如同陡峭的崖岸，让汹涌的沙海波浪戛然而止。这座东西走向的山脉就像一座天然的屏障，挡住了西北、东北风造成的流沙南侵，消弭了南面和田与墨玉一线的沙侵灾害。一边是平原绿地，一边

▲ 胡杨林

是浩瀚沙海，堪称神奇，难怪人们将这座大漠绿洲的保护者称为“神山”了。

沙漠腹地的奇迹，清甜幽深的沙漠鱼湖

新疆塔里木的绿洲文明，是世界文明史上的重要内容。一定程度上，正是因为独特的绿洲文明，塔里木才被称之为亚洲的心脏，塔克拉玛干则成为观察绿洲文明遗迹的走廊。

在塔克拉玛干沙漠南缘，和田市民丰县境内，走出县城沿着315国道东行40千米，距离沙漠公路终端13千米处，被称为贝勒克勒克的鱼湖就静静地坐落于此。

鱼湖既是一个村子的名字，又是一片湖泊的名字，它不是河，所以不会流走，也不会被沙漠吸干。它水位稳定，年际变化小，从北向南由五个小湖组成，它们不仅形状各异，而且水的味道也有区别，这其中以二湖为最，不仅是五个湖泊之中最佳垂钓处，而且湖畔有甜水泉，泉水清甜，据检测是最优质的矿泉水。

一潭幽深的湖水和一片茫茫沙漠，它们之间似乎很难有所结合，在人们的印象之中，沙漠就是干涸与枯燥，而湖水则代表清润与生命。但在神奇的塔克拉玛干，这

▶行走在浩瀚沙海的驼队以及矗立其间的胡杨。

一切都成为可能，因为在这片沙漠下，其实储存着无法计量的水资源。有人估计，如果将沙漠之中的所有水都放出来，那么塔克拉玛干会被1000米深的水覆盖。

这些不可能的想法，让鱼湖显得更加奇特，甚至透露出一丝神秘。315国道从鱼湖之中穿越而过，将它切分为上湖和下湖，但不管你从哪一侧望去，都能望见一望无际的沙丘矗立着，湖畔的绿洲被黄沙环抱着，芦苇在风中摇曳着。那幽蓝的湖水，波光潋滟，群鱼仿佛在天空游弋，垂钓者三三两两，让你恍然以为到了江南。

当地的人曾说：这个湖太深了，好像没有底。当你站在用木板搭建的码头上，也一样会有这样的感觉。因为鱼湖的岸堤是沙质的，开始的时候会有大片沼泽，之后是浅水区，此时你还能清晰地看到水底的淤泥与草根在缓缓地向着深处延伸，可是突然之间，水底的一切都不见了，脚下只有一个幽暗的深渊，你似乎站在一个绝壁之上。深渊下的黑暗似乎要将你的影子吸进去一样，脚下的木板也会发出让人惊颤的“咯吱”声，吓得人赶紧往回逃。

沙海深处的神秘部落

塔克拉玛干几乎聚集了世界上最多的沙子，也掩埋了很多文明古城，更在近现代夺走无数中外探险家的性命。西方人几乎闻之色变，认为那是人类无法生存的地方。但事实上，在沙海深处，一直生活着一个神秘的部落。

从于田县城出发，向北走五六十千米，有一个目前沙漠之中唯一有人类生存的地方——达里雅布依乡。炙热的沙海狂风吹拂着人们的脸颊，连绵不绝的沙包和枯萎的红柳丛会让你一度怀疑这只是个传说，但在经历了无垠的沙漠瀚海和荒凉景致的洗礼之后，你会看到胡杨林之中的土坯房，这就是沙海部落的生存基地。

这里远离凡俗，民风淳朴，几乎夜不闭户、路不拾遗。虽然这里曾经有轰动世界的尼雅古城遗址，很多探险家也曾经在这里挖掘出新石器时代的石斧、汉代的书简，以及唐宋时期的铜钱、毛织物、丝织品等数以万计的珍贵文物，但是这里的维吾尔族同胞却从不动它们。在他们的眼里，这都是属于祖先的东西，不管它们有多值钱，自己都不能据为己有。虽然这只是大漠的一隅，却堪称是“君子国”。

沙漠中常年炙热，年降水量很小，所以水在塔克拉玛干尤为珍贵。几千年来，不知道有多少勇士因为干渴而倒在了沙海之中，可是这里的部落却又如何生存下来的呢？

原来在沙漠中，有两条较大的河流，和田河与克里雅河。处于沙漠腹地200千米的达里雅布依乡就位于克里雅河两岸，这条河流为当地人提供了水源，在沙砾之中孕育出了一条宽数百米的生命带，密密匝匝的红柳、芦苇和胡杨林，以及不断出没的野兔、野猪、狐狸等，为这里带来了勃勃生机。当地160多户人家，有一千多人口，几乎都是牧民，他们依靠河畔的红柳和胡杨来饲养牲畜，过着自给自足的生活。

来到达里雅布依乡牧民家做客，你会见识到很多有趣的事。这里的人们洗完衣服就在沙丘上手刨几个坑，然后把洗净的衣服放进去，再用沙子埋住。过不了一会儿工夫，将衣服挖出来抖一抖，你会发现衣服不但变干了，还很干净。

这里的牧民很好客，几乎每家都有十几床被褥，都是准备给留宿的客人用的。就算是不认识的客人，也会被热情款待。

虽然远离现代都市，但生活在沙海深处的他们却极其健康。达里雅布依乡是南疆有名的“长寿之乡”，百岁老人在这里并不罕见。一方面因为他们生活安逸，饮食健康；另一方面则是因为沙漠为他们提供了天然的药库。沙海之中的苦豆子可以治愈痢疾，沙枣树皮可以治疗外伤和烧伤，红柳皮可以治疗皮肤病，卡恰古丽草能消炎解毒，青蒿对止血有奇效……尤其是胡杨林中的甘草，一株就有一百多斤，细的有胳膊粗，粗的直径有脸盆那么大，而这些都是沙海为这里的人们献上的礼物。

塔克拉玛干那浩瀚无垠的荒漠，狂风呼啸，沙丘滚动，无比壮观，也令人止步于它的凶悍。可是当我们真正走进它，会发现它就像是一只温驯巨兽，虽然看似可怖，却又很憨厚。

Talimu Huyanglin

岁月的样子，撼人心魄的 塔里木胡杨林

胡杨林，被称为新疆人的英雄树。

她有着娇美的姿态和金黄色的叶子，但人们赞美她，却并不仅仅因为她高大的身躯和庞大的根系，更是因为她不屈不挠、坚忍不拔、顽强抗争的精神。

粗干虬枝、伞盖如云的胡杨，将金黄的叶片在狂风之中挥舞，阐释着生命的顽强与辉煌。这荒漠之中的伟大生命所缔造的壮美，早已成为新疆精神的象征。

生而千年不死，死而千年不倒，倒而千年不朽。胡杨的沧桑大美，值得你细细品味。

千年不死的大漠英雄

新疆人热爱胡杨，他们将它称为“最美丽的树”，在他们的眼里胡杨是这个世界上最值得称颂的珍奇树种。而事实上，胡杨确实珍奇，作为第三纪残遗植物，它在地球上的生存时限已经超过6500万年，远比人类更了解这个星球。

不到新疆，不知胡杨之美；不见胡杨，不知生命之悲壮。当湖畔金黄色的胡杨倒映在水中，将水面也染成了一片金黄，古树、碧水、蓝天，就好像是一幅浓墨重彩的油画，千万年的沧桑静美带来的震撼会让你无处躲藏，只有屏住呼吸，静静地聆听它在风里的诉说。

全球有60%的胡杨在中国，而中国80%的胡杨则在新疆。经历了漫长的进化过程，胡杨的生命力已经远超我们想象。塔里木胡杨森林公园位于塔里木河畔，地处新疆巴音郭楞蒙古自治州尉犁、轮台两县境内，面积达到39万公顷，有一百多处古老胡杨林道，供你欣赏不同形态的胡杨。这个曾经用自己伟岸的身躯抵挡了沙漠侵袭绿洲的英雄，保护着大漠仅有的一点绿色，构筑着绿色走廊，保护着丝绸之路。就算时光荏苒，滚滚的黄沙那肆虐的脚步也跨不过它去。

塔里木河畔的胡杨至今依旧保持着原始、古朴、沧桑的风貌，在上万年大自然风雨的剥蚀之下，依旧展示着自己的美好。走在胡杨林中，你会看到一株株胡杨摆出奇特的姿态。在风的影响下，胡杨总能呈现出最有张力的姿态来震撼你的心灵，它们或站或躺，或蹲或卧，一株株怪树或苍老或年轻，表达着时光的层次。

那些看似怪异的树木，在当地的传说之中都是英雄的化身，它们和风雪相搏斗，有的像是呐喊的怒目金刚，有的像是被斩断了头颅却不肯倒地的战士，还有的虽然树皮被撕裂了，却依然奋起，挥舞着断肢残臂，坚强不屈。每一棵胡杨树，都像是拥有着一段不凡的经历，等待着你去解读。夏日里，尖锐的沙暴就像是钢锉一样刮磨着它的身躯，火盆一样的大日头当空浇下来一股烈焰；好不容易熬到了冬天，来自西伯利亚的寒流又像是长着狼牙虎爪一样又撕又咬，将它的皮一块一块揭掉、将它的树枝一节一节折断、将它的根一条一条从地下抽出来……可就算如此，它还是挺立在沙原之上。直到有一天，这沙原被风掘走，它才终于倒地，像是爆炸的原子弹一样激起巨

▲塔里木河与胡杨林交错相织

▲俯瞰塔里木河

▲塔里木河河道

▲黄昏时分的胡杨

▲罗布人沿河居住，河岸的胡杨成群生长，人与树和牲畜组成了一个和谐的生存场域。

大的沙尘，沉重的响声甚至撼动雪山。

沙原上的汉子倒下了，可它不屈的枝丫依旧怒指高空，翘起的主根依旧如同不肯低下骄傲头颅的烈士。胡杨见证了地球的沧海桑田，见证了罗布泊的成长变化，就算它的枝条腐朽了，树皮不见了，身躯晒裂了，它依旧不向命运屈服。

见到这一幕，你一定会以为自己走进了某一部传奇影片的镜头之中。

胡杨林里的神秘罗布人村寨

胡杨是一种介于水生和旱生之间的植物，它跟着水走，所以塔里木河两岸成了它最佳的生存地。和北京时差相差2个小时的尉犁有面积庞大的胡杨林。只要这里的水位不低于地表下4米以上，胡杨就可以自由地存活。就算是已经旱死近30年的胡杨，只要有了水源，它还是会绽放出生命的奇迹。

能拥有如此强大的生命力，源自胡杨的根系，它们如同胡须一样扎得深、蔓延

Special达人说

生活在胡杨林中的罗布人所烤制的新疆大头鱼是远近闻名的美味。捕鱼就像是罗布人与生俱来的技能一样，他们一手划船、一手飞叉，半个小时就可以捕获十几条鱼。将捕到的鱼从背部剖开，用天然香料调制，然后穿到红柳枝上，将木棍插入土里，围着火排开，就像是张开了翅膀的鱼压弯了红柳，被一堆燃烧的枯胡杨烘烤。一个小时左右，烤鱼出炉，撒上孜然，嫩滑而又香味扑鼻，是不可多得的美味。

得广，一棵胡杨就可以牢固地守护一亩的土地，让土地避免沙化和流失。有的胡杨根系可以深扎到6米，水平方向的半径可以延伸到四五十米。当地人总是提醒外来的游人：走路要走在沙漠的“脊梁”，指的就是胡杨林周围的土地，因为它的根系，沙土会相对坚硬一些，足底蹬地的时候可以加快速度，对于行走在阻力奇大的沙漠中的人来说，这样可以节省不少体力。

走进尉犁的胡杨林，没有向导的指引很容易迷失方向，一旦失去了方向，也不用着急，只需沿着胡杨林里那足迹模糊的道路走下去，也许还会遇到生活在胡杨林深处的罗布人村庄。

▲地表龟裂的干旱大地上，胡杨树却能顽强生长。它们生长在最恶劣、最残酷的气候环境之中，是一个极为神奇的群体；它们耐寒、耐热、耐碱、耐涝、耐干旱，用伟岸的身躯阻挡了沙暴对绿洲的侵袭。

罗布人以捕鱼为生，在荒原之上只能逐水而居。塔里木河曾经在广阔的沙漠上留下星罗棋布的海子（河水上涨或流淌形成的面积很小的湖泊），罗布人就居住在水域周围。和胡杨林外的燥热不同，罗布人村寨显得湿润，海子的通透和胡杨的大美，还有随着时间从翠绿转为金黄的树叶，都让他们的生活显得非常艳丽。

胡杨林深处的罗布人村寨就像是世外桃源，这里的人们有着类似维吾尔族人的长相，但他们有自己独特的语言体系，而且被认定为新疆三大方言之一。幸运的话，也许你还可以看到罗布人表演的传统“狮子舞”，他们表演的狮子舞和汉族狮子舞大不相同，是中国西部少数民族仿兽舞蹈中的瑰宝。

据当地人介绍，塔里木河养育了胡杨林，而罗布人就在海子边上找一棵大胡杨树，用树冠作为屋顶，用树干作为柱子，支撑起整座房子。他们将胡杨围上茅草，不剥树皮，只是涂上一层海子里挖出来的泥巴就可以长久在此居住。有胡杨的地方，就有罗布人，他们烧制各种鱼、野鸭和野果。乘坐着用整棵胡杨掏制的小船去海子里挂网和捕鱼，不种五谷，也不牧牲畜。可是随着塔里木河改道，海子逐渐减少，胡杨也成片地死去，罗布人也不得不迁离家园，寻找新的海子和胡杨，并且尝试学习狩猎与放牧。

▲秋天的胡杨林

▼神秘罗布人村寨

在尉犁乃至整个新疆境内，过着原汁原味罗布人日子的村寨正在逐渐减少。随着公路的延伸，人们更愿意走去外面的世界，只有零星几户人家依旧守护着胡杨，按着他们祖先留下来的生活方式辛勤劳作着。

曾经的丰饶，今日的美景

胡杨之美，四季各有不同。春天的

▲黄金秋色中，湖边的胡杨林穿上了它一年中最灿烂的盛装，金黄一片，倒映在水中非常美丽。秋季的胡杨树竭尽全力泼洒生命的色彩，它们的热情，它们的壮烈都在与湖水的呼应中表露无遗。

胡杨林微微吐出了一点绿芽，显露出一派欣欣向荣的景象；而夏日里的胡杨林则身披绿荫，郁郁葱葱；秋天来临，胡杨林也变成一片金黄色，秀丽的风姿或倒映在水中，或屹立在大漠，尽显生命的辉煌灿烂；到了冬天，狂风飘雪，胡杨那不屈的身影也披上了银装，让人望着沙海之中的英雄慨然长叹。

很多人喜欢秋日里来塔里木河畔观赏胡杨，因为黄叶灿灿的它显得更加气势不凡，在镜头之中也更加具有色彩的张力。为了捕捉最佳的光线，天还没有亮，胡杨林里就会有摄影师背着相机出没了，他们就像是一个个潜伏在林中的士兵一样悄无声息地前进着。等到夜幕退去，让习惯了城市路灯的眼睛望一望天空明亮的星星，你会更加领悟到自然之美是多么迷人。

欣赏别的树木，人们酷爱它们的青春，而欣赏胡杨却要看它的衰老。当清晨的阳光透过树梢，树叶似乎在夜里经过了洗涤，变得更加鲜艳。柔柔的晨光斜照着树林，光影交错，令人倍感迷幻。安静的胡杨林里一丝风也没有，却是摄影师们最忙碌的时候，因为任何一个角度都那么美，每一棵树都等着他们去记录。

胡杨有沧桑之美，也同样有着勃发的生命之美，可是人们却最喜欢看它枯败而不倒

▲胡杨树有“活千年不死，死千年不倒，倒千年不朽”之称，它们傲然屹立于天地之间，大美而不言，其干硬的枝干在烈日和沙漠的摧残下，呈现出千姿百态的奇特造型，令人倾倒。

的样子。在枯枝之上冒出新枝来，枯木与活着的树并体相拥，制造出了许多有趣的姿态，像飞鸟、走兽，也像魔王、将军，怎能不令人兴奋异常。

枯木虽然伏地不起，可你伸手去弹一弹它灰白色的铁骨，依旧可以听到“砰砰”的响声，似乎是在用不屈的声音诉说着曾经的过往。一个世纪以前，探险家斯文·赫定曾经来到这里，并记录了这里的美——他说，这里遍布着沼泽与湖泊，要想穿越，只能乘坐独木舟，从密不透风的芦苇丛中穿行；有些地方的芦苇被大风刮倒平铺在地上，人可以轻松地在上面行走；强壮而自信的罗布人在这里寻找野鸭和野鹅，空气中弥漫着森林的香气……每一个字的描述都让我们对曾经的盛景充满了向往，也对如今生态平衡遭到破坏充满了悔恨。

胡杨曾经孕育了整个西域文明，几千年来被它覆盖的大片西域土地上，塔里木、罗布泊等水域长流不息，滋润出了楼兰、龟兹等36国的西域文明。拓荒与征战，让水和文明一同消失在干涸的河床之上，只有胡杨守护在这里，美丽而又忠诚、不屈服而又遍体鳞伤。每逢烈日蒸熬的时候，人们发现胡杨的树身会流出咸咸的液体，老人们说那是胡杨的眼泪，它们希望可以获得那一点点的水，哪怕只是上苍一滴怜悯的泪，只要洒在胡杨脚下的沙土上，就能够化出漫天的甘露，让这群战士继续屹立在那里。

胡杨之美，不在于它是珍贵植物；胡杨之美，也不在于它的古老；胡杨之美在于它的精神。在生命稀少的大漠之上，远离水源，让人望而却步，但胡杨依旧在那里缔造了自己的美丽，缔造了自己璀璨的传说。

Moguicheng

风从这里走过，魔鬼城中的风之传奇

魔鬼城，是风的杰作。

神奇而又魔幻的新疆之风，吹拂着这片土地上隐藏的美，凭借着独有的耐力，日复一日地雕琢；凭借着自己无穷的想象力，在自然中创造着奇迹。最终，它终于缔造了一座令人称奇的魔鬼城。

天长日久，魔鬼城终于成了风所想象的样子，它们形态各异，却有着不凡的灵性。它们似乎在诉说，也如同在沉睡。天地在这里已经浑然一体，无处不在的萧瑟和黑暗，让魔鬼城沉入了幽暗的海洋，等着你去唤醒……

苍茫奇幻的哈密魔鬼城

新疆有四大魔鬼城，这种奇特的地貌已经成为新疆的另一个名片。

驰名中外的新疆魔鬼城之中，克拉玛依魔鬼城、奇台魔鬼城、若羌魔鬼城、哈密魔鬼城最为著名。这四处各有特色，只要走进其中，就会被其中迎面而来的一股雄浑、苍茫之气震慑。而其中规模最大、气势最盛、面积最广的则是哈密魔鬼城，它也号称四大魔鬼城之首。

哈密魔鬼城占地面积30多平方千米，东西长达120多千米，远远望去就显得非常巍峨壮观，让人赞叹无比神奇。它是由以五堡的破城子为中心的9座小魔鬼城组成，每一个城都可以独立成篇，拥有着自己的传说。

从哈密市出发，越过荒漠，走过戈壁，经过2个多小时的路程，就可以抵达这片神奇的土地。千万年风力的侵蚀，让这里成了一座巨大的天然雕塑陈列馆。在大自然的鬼斧神工之下，任何的想象都会失去光彩。

在当地人的描述中，魔鬼城是一个可远观而不可亵玩的地方。当你远远观望的时候，会感叹大自然的神力，而当你深入其中，就会被恐惧笼罩。行进

▲哈密魔鬼城地貌群像

“魔鬼城迎风而立，
它壮丽雄浑、精神奕奕，
大风的手上有一把神刀，
飞沙走石中，
留下了历史的声声喟叹。”

乌尔禾魔鬼城龟裂的地表

乌尔禾魔鬼城

的途中，你会时不时看到一些正在狂奔的龙卷风，会发现被晒干的枯树正在荒漠之中滚动。沙漠之中没有手机信号，夏季高温在45℃以上，风力可以达到12级。不管对任何一个人来说深入魔鬼城都是一个极大的挑战。

维吾尔族兄弟将魔鬼城称为“雅丹”，意思是“险峻的土丘”。而蒙古人则称之为“苏鲁克哈克”，哈萨克人将它叫作“沙依坦克尔西”，意思都是“鬼山”。细细地观察和品味你眼前的每一个“雕像”，你会发现这些称谓都是极为准确的。

走进魔鬼城，你会发现这里有纵横交错的“街道”，也有高低错落的“楼台”。如果你想要登高俯视，有一众“城堡”可供你远眺；如果你想要体验一下在城中穿梭，鳞次栉比、星罗棋布的石雕会让你目眩不已。

有一些风之雕塑似乎掌握了中国传统建筑之美，显露出“飞檐斗拱”；而有一些则好像是吸纳了外来的建筑艺术，展现出古希腊建筑的“沉稳圆顶”。有的好像是天外来客驾驶的“飞碟”，造型奇特，充满了未来感；有些则好像是从杭州西子湖畔远道而来的“飞来峰”，充满了中式审美的情趣。细心的人，可以在魔鬼城里找到“人面狮身”雕塑，也可以发现擎天林立的怪石、逶迤不绝的城堡。所有这些被大自然的鬼斧神工雕琢而成的雕像，都被人们用有趣的文字来描述，给它们取了一个个好听的名字——老龟望天、石猴看海、农夫晚归、雄狮横卧、老牛耕地、大鹏展翅、骏马奔驰……让人闻之叫绝。还有一座雕像，因其酷似西藏拉萨的布达拉宫而闻名，每当夕阳西下，放眼望去，那雄伟的城堡在光影交错下呈现出一种排山倒海的气势，让人亢奋。

如果想要充分地领略魔鬼城之美，

日落时分的乌尔禾魔鬼城

乌尔禾魔鬼城也被称为风城，是独特的雅丹地貌，黄昏时分在落日的映照之下，更增添了一番魔幻色彩，造型各异的地貌惟妙惟肖，凸显着大自然的鬼斧神工。

首先要准备好足够的干粮与水。当地人会建议你在魔鬼城中待上个把月，经历一下魔鬼城中各式各样的天气变化，体会一下它那静谧的夜晚。夜色降临的时候，魔鬼城会显露出一种庞大的骇人气势，让你不由得缩成一团，在巨大的暗影之下开始担忧。而沙漠中寂静得出奇，只有戈壁的骄子——国家二级保护动物鹅喉羚羊会远远地走来，好像是巡视土地的国王一样望着你。间或有野兔出没，但它们不会停留，只会与你擦肩而过，打破你难耐的寂寞。

没有向导的情况下，人们不敢轻易走进魔鬼城，因为茫茫戈壁中最易迷失方向，稍不留神就会倒在迷宫一样的魔鬼城中，这也是为什么当地的维吾尔族人将它称之为“魔鬼”的一个重要原因。随着现代探险技术的进步，人们已经可以借助现代工具考察这种特殊的地貌。

奇峻兀立的乌尔禾魔鬼城

1亿多年前的白垩纪时代，新疆魔鬼城曾是一片生机勃勃的水族世界，是一片巨大的淡水湖，剑龙等恐龙和其他怪兽都生活在这里。雅丹地貌中所夹杂的巨大兽骨化石中可以看到，这里曾生活着

▲ 乌尔禾魔鬼城地貌群像

很多奇特的生灵。沧海桑田，这里从湖泊变成了沙漠，留给人们无尽的遐想。

宁浩导演的西部题材电影《无人区》，是一部纯粹的公路片，其中所展示的撼人心魄的西部风景，便源于克拉玛依的乌尔禾魔鬼城。这里距离克拉玛依市有100千米，虽然遥远，却抵挡不住人们好奇的脚步，荣获奥斯卡最佳外语片的《卧虎藏龙》也曾经来这里取景，《中国国家地理》杂志还将乌尔禾魔鬼城选为“中国最美三大雅丹地貌”第一名，可见其美景绝非虚传。

驱车走近乌尔禾魔鬼城，你会发现满眼都是与石油有关的物象，油田、“磕头机”、储油厂、油罐车，就连乌尔禾魔鬼城对面，也有“磕头机”在用力抽着石油。绕过这一片透着现代文明痕迹的风景，走进魔鬼城大门，一个个有如城堡的风蚀土墩诉说着这片土地的魅力。

关于魔鬼城，有一个神奇的传说。据说这里曾经是一座雄伟的城堡，男人英俊健壮、女人美丽善良，大家辛勤劳作，日子过得无忧无虑。可是伴随着财富的积累，人们逐渐被邪恶控制，他们沉湎于玩乐，为了争夺财富，到处充斥着尔虞我诈，每个人也都变得狰狞可怖。为了唤起人们的良知，天神化作一个衣衫褴褛的乞丐来到城堡，他告诉人们，是邪恶将他带入了这种境地，可是没人听他的话，反而辱骂与嘲讽他。后来，天神一怒之下毁灭了整座城市，将所有人都压在了废墟之下。每当夜晚来临的时候，城里的亡魂就会在风中哀鸣，希望天神可以听到自己的忏悔之声。

乌尔禾魔鬼城有类似小火车的摆渡车运送游客，每一个进入其间的人都如同走入一个奇妙世界。抬头看，四周被很多奇怪的土丘包围着，有的有几层楼高，可以清楚看到土地沉积的纹理。低头看，脚下是干裂的黄土地，寸草不生，当夕阳的余晖映照过来的时候，那些平淡的土丘会在刹那间被涂抹上一片红色，就像瞬间上色，变得浓郁而又生动。

夕阳下的魔鬼城，有一种奇峻兀立的旷世苍凉之美。放眼看远方，沙丘被吹出了一道道风痕，城中危台耸立，仿佛是前世遗落的废城。远处不时有驼铃传来，悠扬如同天籁，在戈壁之上回荡。塞外的狂风吹走了漫天的雾霾，却吹不散大漠的孤烟；长河在大漠之上奔流，冲平了逶迤的山川，却不能泯灭璀璨的落日。

这里的土地本身就带有红色，当晚霞映射而来，让红土染上一层金色，漂亮得令人忘记语言。当太阳逐渐接近地平线，头顶的云朵也变得火红，天空也会变成一片奇异的玫瑰红，让人恍惚以为不在人间。

等到太阳完全落入地平线，笼罩着魔鬼城的漫天彩霞也消失殆尽，周围逐渐暗下来，魔鬼城被笼罩在孤独与荒凉之中，高低起伏、错落有致的城堡被勾勒出鲜明的轮廓，似乎是一个梦幻世界。

风刀创作的艺术殿堂

阳光下的魔鬼城一片灿烂，充满了阳刚之美；而一旦阴雨天来临，这里又变得灰暗迷蒙，仿佛凝聚了许多恐怖。虽然喀纳斯与五彩滩也是久负盛名的雅丹地貌，但和魔鬼城相比却大不相同。如果说喀纳斯的美是灵秀、梦幻的，那么魔鬼城的美则是粗犷、厚重的。

经过数千年的沙土风蚀，魔鬼城四季不断的狂风让它有了魔鬼的形。而这里鬼斧神工的奇妙之处，不在于一景一物，还在于每一处景观都有不同的模式，远看和近看会发现不同的惊喜。有的风蚀石雕从前面看好像是镇守着法老坟墓的狮身人面怪兽，但是转到了另一侧去看，又变身为一个柳腰纤纤的楼兰少女；有的从远处看好似羽扇纶巾的唐伯虎，近处一看却又变成了昂首问天的屈原；有的从侧面看犹如披着轻纱的娉婷美女，走近平视又变成了飘着长髯的怒目金刚。随处可见的绝妙造型，千姿百态，应有尽有。

沉睡之中的魔鬼城显得苍凉，可是一旦有风来，它会顿时变得张狂。魔鬼城的风，似乎在不断积蓄着力量，酝酿着一次千军万马的行动。当旋风以排山倒海的气势扑面而来的时候，人们只能躲进帐篷里瑟瑟发抖。那一刻的魔鬼城天空就像着魔了一样，似乎有受惊的天马从空中甩着马鬃嘶鸣狂奔。而闪电也会在云端配合，好像寒光闪闪的鞭子，从地平线送来震耳欲聋的雷鸣，伴随着风推动着滚滚乌云和呛人的尘土，坚硬的沙子漫天飞舞。

大雨之中的魔鬼城，风声、雨声将一切都笼罩起来。夏日里的雨水来得快，去得也快，不过一杯茶的工夫，暴风雨洗礼之后的魔鬼城就会归于平静。雨水落在城堡上，土黄色的泥浆顺流而下，风在山涧发出暗哑的嘶鸣，那些城堡、楼台更加清晰，色彩也从单一的土黄演变成了浅紫、红褐，就连远处的树林也闪耀着耀眼的翠绿……

▲夕阳下的魔鬼城越发显得苍凉，却也为其覆盖上一层神秘的色彩。

专题

在新疆一定要做这几件事

zaixinjiang yiding yaozuo zhejijianshi

捡一块石头

在大西北一望无际的茫茫戈壁上，有很多地方一年四季寸草不生，而且经常会飞沙走石，让每一个走到这里的人都心生悲凉之感。然而，就是在这片旷野中，却静静地散落着很多美丽斑斓、晶莹剔透的戈壁彩玉。

不管是和田还是克拉玛依，新疆的石头总是让人啧啧称奇。在新疆，有许多人是以捡石为生的。在克拉玛依，来到这里的人都不会错过乌尔禾奇石一条街，这里的商人都以石为荣，靠石头吃饭，人人都会为了石头疯狂。在这里，简直是石头的盛宴，从几块钱到几千块，有的甚至可以达到上万块的价钱，每一块都让人爱不释手。

魔鬼城附近的戈壁滩，盛产一种叫作玛瑙的美丽石头，虽然比不上戈壁宝石“金丝玉”那么名贵，但是它们光怪陆离、圆润可爱的样子一样吸引了大家的目光。

喝一杯马奶酒

新疆人有着独特的饮食习惯，马奶酒就是他们必不可少的一种日常美食。13世纪初，成吉思汗率领蒙古大军西征天山以北大草原，建立了马背上的家园。如今的阿勒泰、巴音郭楞和博尔塔拉等地区，依然是蒙古族的聚居地。来到北疆的人常可以在草原上遇到热情豪爽的蒙古族人，好客的主人也会像迎接贵宾一样，手捧洁白的哈达和美酒，伴着歌声给客人敬酒祈福。

在蒙古人家做客，一定要尊重他们的习俗，当主人敬酒的时候，一定要恭敬地接过酒杯，用右手无名指沾一滴酒弹向天空，以表祭天，然后弹在地上，表示祭地，最后弹向火灶或前方，以示祭祖，然后一饮而尽。如果你不胜酒力，也可象征性地抿一口，以表尊重和谢意。

马奶酒是蒙古人最珍视的琼浆，家家都在精心酿制，以此来招待尊贵的客人。在丰盛的宴席上，吃着诱人的烤全羊、手抓肉等，伴着席间的歌舞，听上一曲婉转动人的劝酒歌，足以让客人忍不住频频举杯。这种口味微酸的酒，又带着淡淡的奶香味，酒精度数很低，就算是畅饮也不会伤到脾胃。但如果豪饮一番，很容易就喝到微醺的状态。这种奇妙的感觉让人亢奋，不由自主就会随着歌曲的节奏抖耸肩膀舞动起来。

骑一次马

新疆那辽阔的草原上，飞奔的骏马如来去自由的轻风，追寻着野花的迷人幽香。平缓起伏的山峦，层层叠叠，一条狭窄的牧道沿着蜿蜒流淌的河水伸向远方。那是牧马人踩出的小路，也是通往世外桃源的捷径。来到这里，你是否也希望学着牧人的样子，骑一匹马去草原上，踏花而行，去寻找大山深处美丽秘境?

马背上的民族自有其生活方式，骑在马背上旅行，你可以看到很多不为人知的神奇景观，这是一场自由豪放的旅行，也是一次充满挑战的探索，只要你不放弃，马蹄就不会停止向前。

在北疆阿勒泰地区，有一条最适合骑马的线路，是很多旅人必选的经典线路。从贾登峪村出发，途经禾木乡，小

黑湖，最终到达喀纳斯风景区。这段全长70千米的旅程，充满了挑战，沿途既有高山草甸，也有湿地沼泽，也要穿越河谷、长途行军，更要宿营野外、迎风沐雨。

颠簸在马背上，不同的风光可以赶走路上的疲惫；识途老马一路低着头，却可以带着你走向梦中的田野。当你蹚过激荡的小河，抓紧缰绳奔驰在平坦的草原上，涓涓细流蜿蜒而过，看着阳光洒落在身边，听着风儿在耳畔歌吟，你一定会迷上这种马背上的生活。

转一次场

无尽的大草原就是哈萨克族人丰美的家园，他们随着四季轮回在不同海拔区域的草场上流转。人们说，哈萨克人是世界上最爱搬家的民族，因为他们的家就是绿草如茵的草原。

春天来临的时候，山顶的雪融化，灌溉着草原，半山腰的青草变得鲜嫩起来，牧民赶着牛羊从山脚的冬牧场奔向山坡去安营扎寨。而盛夏时节，山顶的鲜花开得烂漫，凉爽舒适的高山草甸成了最美的夏季牧场，牛肥马壮羊也欢。夏天一过，秋风就开始肆虐，转眼之间山顶就被皑皑白雪覆盖，牲畜们急不可耐地催促牧民赶紧搬家，因为山上已经没有了它们的食物。于是，千军万马的转场阵容就此启动，历经千百年风雪洗礼而不变的牧民转场周而复始地撰写着草原上最壮观的史诗。

新疆的秋季是最迷人的，9月下旬，富蕴县牧民进入了转场的季节，在河谷很容易与转场大军不期而遇。原本驻扎在草原上的一顶顶毡房，像是户外行者的露营帐篷，被迅速拆收，全部家当都打包驮在骆驼或马背上。热情好客的哈萨克人不会拒绝好奇的旅人，他们欢迎旅人和主人一起拆毡房，体验其中独特的设计智慧，更欢迎旅人和他们一起走过长长短短的转场路。

庞大的转场队伍需要数天甚至一个月的跋涉才能到达下一个停泊的驿站，人们看到的大多只是一幕短暂的过往，只有同道而行，你才可以体味到游牧民族不衰的真谛。

逛一次巴扎（集市）

新疆的有特色的地方那么多，究竟什么地方才是最真实、最有风情的新疆呢？答案一定是巴扎。只要是在新疆有维吾尔族人居住的地方，就一定会有巴扎，那里不仅是当地最热闹的集市，也是维吾尔人最重要的社交场合。

行走新疆各地，你会发现这里遍布着大大小小的巴扎岂止上百个，几乎每

一个村镇都有自己的巴扎。有的巴扎每周只开设一天，就像是赶大集。一大早，附近乡村的男女老少就赶着驴车、骑着摩托或者走路，犹如追逐信仰的教徒一样，浩浩荡荡地朝着巴扎而来。

人们穿着新衣，戴着花帽，女人们用奥斯曼描画出浓密的眉毛，精心地梳妆打扮，穿着艳丽的艾德莱斯绸，她们是巴扎上最亮丽的风景线。那些美丽的姑娘如同化蝶一样，在巴扎上寻找着自己中意的巴郎子。

除了乌鲁木齐、喀什的巴扎之外，南疆最大的巴扎当数巴楚县色力布亚镇的巴扎。每到周四，这里就会人山人海，琳琅满目的商品应有尽有，服装、花帽、化妆品、干鲜果品、锅碗瓢盆，几乎没有买不到的东西。当然，逛巴扎也不能少了当地的美食，就算什么都不买，你也可以在这里停下来喝一碗鲜美的羊肉汤，吃上一个刚刚打好的馕。热闹的巴扎上，毛驴叫声、机动车的声音以及人们的吆喝声交织在一起，混着烤羊肉的香味，生生不息地延续着原汁原味的新疆文化。

探一次秘

网络上有一部关于精绝古城的盗墓寻宝小说蹿红，勾起了很多人前往西域寻找那座已经消失的古国的想法。在塔克拉玛干沙漠茫茫沙海的深处，那个遗失了千年的西域城邦，曾经是古代丝绸之路上繁盛一时的国度。而现在，人们只能从一些史籍之中寻找到关于古国的只言片语，精绝古城更多的信息似乎已经无处可寻了，少而又少的文字记录给沉睡在新疆的那些古国披上了一层厚厚的神秘面纱。

到新疆探秘，不是现在才有风潮。早在20世纪初，英国人斯坦因就来到大漠的南缘，在尼雅河畔发现了一座“东方庞贝城”——尼雅古城。在这里挖掘出来的古老木简、丝绸、钱币、武器和粮食，以及土木结构的房屋建筑、河道、水渠，让整个世界都轰动，酝酿了一场国内外考古学家对西域探险的热潮。

现在，进入各个古城进行探险需要当地主管部门的批准，还需要缴纳文物保护费，但那些被岁月和风沙掩埋的古城，依旧让无数的探险家和户外发烧友充满探寻的冲动。

Chapter 2

那些色彩，不可错过的新疆

Yili

沉醉于伊犁，

在薰衣草的故乡遇见美

伊犁有着大片大片深紫色的薰衣草，风中弥漫着薰衣草的香气，一阵轻风吹过，一整片薰衣草田宛如深紫色的波浪，层层叠叠地上下起伏着，甚是美丽。

伊犁是一个让人充满遐想的地方。

在新疆民谣中，伊犁遥远而且浪漫：我骑着马儿唱起歌儿，走过伊犁，看见了美丽的阿瓦尔古丽……

这片土地似乎脱离了时间，与它相关的只有丰美的草场、雪山下奔驰的骏马、田园牧歌以及奶茶飘香，还有那一望无际的薰衣草花海。

有人说，不到新疆不知中国有多大，不到伊犁不知新疆有多美。如此一个集大美的地方，又怎么能错过呢？

寻梦紫色花海

乘坐飞机降落到伊宁机场，从走出机舱的那一刻你就会被震撼到。这里的天空如此湛蓝清透，如同一块蓝色的水晶；天地交界之处可以远远看到天山山脉纵列排开，似乎是一队迎宾的士兵，而山顶上的积雪在阳光下发出白银一样纯洁的光芒，似乎是这片土地闪闪的笑容。

如果这一切还不够美，低下头来看看飞机跑道四周那成片盛开的薰衣草，花香弥漫，如同一片紫色的祥云。这超出想象的美，让人欢欣，移不动脚步。这就是歌中所吟唱的伊犁吗？没错，而且它比歌中所唱的更美。

早在公元前4世纪，古希腊人就开始种植薰衣草，并用它来制作香料，但当时它只生长在地中海沿岸和欧洲各地。如果将世界地图折叠起来，会发现一个有趣的现象，这种美丽的植物大多生长在北纬42度、海拔600米左右的地方，三个有名的薰衣草种植基地也都位于

此，日本北海道的富良野、法国南部的普罗旺斯和新疆伊犁霍城县。

中国人并不善种植薰衣草，一直到1958年，中国科学院的科学家才从苏联带回了50棵薰衣草，并在云南昆明、陕西西安、河南豫县等多个区域尝试种植，唯独与地中海地区气候纬度极为相似的新疆伊犁试验成功。新疆生产建设兵团农四师原65团利用伊犁霍城县夏季干燥凉爽、冬季厚雪覆盖的特点，为薰衣草生长提供了极好的条件。经过几年的试种，这美丽的紫色花朵终于在这里安家扎根、蓬勃生长。

伊犁是新疆的一块天赐宝地，是沙海之中的湿岛，这里水源充足、物产丰富、四季分明，与法国普罗旺斯的气候、土壤条件相似。如今的伊犁已经是中国唯一的薰衣草种植产区，面积达2万亩，产量占全国的95%。

随着伊犁薰衣草盛名传扬，越来越多的人来到这里寻梦，伊犁霍城县农四师65团场和三宫乡的上万亩薰衣草汇成一片海洋，被命名为“中国薰衣草之乡”，70团、71团、73团、67团和68团也种植着大量薰衣草，让这片土地渲染上了最浪漫的颜色。

薰衣草花期短，虽然常规的赏花季在6到8月，但伊犁的薰衣草最早在6月就进入了盛放季，半个多月

❶ 正在收割薰衣草的维吾尔族居民

❷ 紫色的薰衣草迎风开放

❸ 薰衣草田

放眼望去，大片紫色的薰衣草像是一块紫色的地毯一路延展。

> “蓝天蓝得透明，白云依依，
> 空气中弥漫着浪漫的香气，
> 在这东方的普罗旺斯，
> 一呼一吸间，去体味时光缱绻。”

之后，预先开花的薰衣草就进入收割阶段。如果乘车从霍城县城出发，沿着218国道北行，一路上都可以看到薰衣草农场，浓郁的芳香不时从车窗外扑面而来。抵达65团之后，下国道随处走入某条小路，你都会被眼前夺目的紫色鲜花迷倒，它们一直延伸到目光的尽头，让人沉醉。

伊宁小城里的静谧

伊犁州府伊宁市是一个非常适合背着背包前往的城市，走过了薰衣草天堂一般的美景区，再走到伊宁小城中，会有另一番滋味。

伊宁城区是一个非常有特色的地方，这里名气最大的莫过于“汉人街”了。也许在来这之前，你就会听说伊宁有三大怪，其中之一便是“汉人街上无汉人”，几乎都是维吾尔族朋友的足迹。

在以前，汉人街叫作大桥板子，不过是一条长约两千米的巷子，道路曲折，两侧都是一些老字号的商铺。在这里讨生活的行商坐贾用各种语言吆喝着过往的行人，这里有很多商贾都是来自天津的杨柳青人，街边形成了很多杨柳青人的院落。但是后来汉人逐渐都搬走了，只剩下那些为了做买卖而聚拢的维吾尔族人。

走进汉人街，你似乎重新回到之前那个静谧的小城。街道两侧布满了各种摊位，在嘈杂拥挤的人流之中，生活的烟火气围绕着你。穿着传统服装的维吾尔族人以及满大街跑的马车，让眼前的汉人街变成了一个大巴扎（集市），你可以在这里买到瓜果、马鞍、布匹、酸奶子和吾斯曼草，还可以看到各种生活物品。当清晨的阳光变得炙热，喧嚣就会停止，伊宁的烈日下，小贩们的热情也被烤得融化，中午时分大家都已悄然归家。

汉人街上还有一些充满了俄罗斯建筑风格的铁皮屋，维吾尔族老人坐在屋外的阴凉处，双眼默默地注视着来往的人流，熙熙攘攘似乎与他没有任何关系，现代和传统也在这里奇妙地共存着。

穿过汉人街，伊宁城郊还有一片充满了维吾尔族风情的聚居区。这里的社区被纵横交错的小巷分割，加上两侧土

赛里木湖的倩影

黄色的院墙，看上去有些单调，只是透过那些虚掩的院门，你会发现每家的院子里都生机盎然，那些葡萄架上都已经挂满了紫色的果实，浅蓝色的木雕门楼也使得院落显得格外清新。

赛里木湖与惠远古城

作为拥有伊犁最多薰衣草的霍城县，其实不光是薰衣草之乡，湖光山色与历史积淀都是这座小城的名片。沿着连霍高速一路向西，穿过不断挡住公路的牛羊群，在山谷公路中盘旋一阵子，就可以看到传说中意境最完美的赛里木湖。

在群山的环抱之下，赛里木湖就像是一个安静的仙女一样。阳光下的湖水蓝得耀眼，白云的倒影就像是剪纸一样贴在明净的水面，湖畔有绿草如茵，天际是远山朦胧，涌动的牛羊好似一朵朵流云，和湛蓝的湖水交相辉映。如果此时风儿送来牧人的歌声，你一定会醉倒在这迷人的牧歌与美景中。

赛里木湖周长90千米，一条白色的环湖公路静静地躺在那里，引领着每一个人走向赛里木湖畔最迷人的去处。随着公路的延伸，湖畔的草场逐渐变得开阔起来，红尘的喧嚣越来越远，大自然的呼吸却越来越近，从湖畔一直延伸到高山之上的针叶林带把一切尘嚣都隔绝在外。如果是初夏时刻，你会看到草原花开，各色野花恣意怒放，空气中弥漫着花香的味道，远处的山巅上尚未融化的积雪闪耀着银光，似乎都在发出一声声召唤。

“大西洋暖湿气流最后的眷恋，
留给了赛里木湖，
她是晶莹的泪滴，
也是永恒的梦境。”

▲ 赛里木湖与惠远古城

如果此时你想要停下脚步，仔细倾听一下湖水的吟唱，可以在湖畔稍做漫步。看着浪涛拍打沙滩，成群的黄鸭在水面上游来游去，嬉水玩闹。湖面上偶尔会漂过来一些小白点，仔细一看原来是赛里木湖著名的野天鹅。能够在野外近距离地观赏野生天鹅是一件非常幸运的事，你需要安静地等待，才能靠近这些优雅的鸟儿，有时你甚至可以和它们保持仅仅数米的距离，让你更加体会到大自然的美好。这些野天鹅在湖畔游弋，像游船一样排成队，或梳理羽毛，或引吭高歌，就算看到人也不会显露出丝毫惊慌，因为这里是它们的家园。

赛里木湖的西畔浅草之上，分布着大大小小的石圈，石头之上密布着绿油油的苔藓，说明这些石圈已经拥有了久远的年份，但是附近却没有任何的标识。据推测，这些有可能是曾经生活在这里的古人留下的墓葬。在新疆的草原上，分布着上万座土墩墓，很多墓葬的外围都会有石圈围绕着，当时的人们崇拜太阳，希望用太阳形状的石圈来保护墓穴，也为如今的赛里木湖留下了一道独特的风景。

从赛里木湖沿着218国道去往霍城县，就会来到一座名为惠远的小城。如今的它有一条东西走向的街道，小小的文庙和几座不大的城门，让你绝对猜想不到它曾经的辉煌。可是当你走近城中心的钟鼓楼，查看古城严谨的布局时，一定可以感受到森森的气魄。

行走在现在的惠远古城，几个当地人坐在自家门口闲聊着，夕阳的余晖映照着街面上的水洼，显露出几分清冷。而1763年，清廷首任伊犁将军明瑞曾经在这里大兴土木，沿着伊犁河北岸筑造城池，乾隆亲笔御赐“惠远”。此后，清廷在这里相继修筑了伊犁九城，而九城在1871年沙俄入侵时全部被摧毁。现在我们看到的古城是1882年光绪下令仿照旧城修建而成的，城中心的钟鼓楼是

▲霍城县农四师65团因薰衣草而扬名国际，这里独一无二的美景也吸引着每一位游人的目光。

全新疆仅存的有悠远历史的传统高层木质建筑，距离钟鼓楼不远就是清廷驻新疆最高军政长官的“伊犁将军府”。

伊犁将军府门口的石狮子已经历了百余年风雨，但丝毫不减昔日的威仪，只是这座不大的四合院府门紧闭，在暮色之中略显孤寂。站在将军府门口，感受古城的静谧，听到白杨树在晚风中婆娑作响，远远看到一团火烧云点燃了天空，将街心的钟鼓楼映出了长长的倒影，一个个曾经叱咤风云的历史人物似乎也从云层之中走来，明瑞、左宗棠、林则徐……他们的名字将伴随着古城永久地流传下去。

走出惠远古城不远，就是著名的65团。霍城县农四师65团因薰衣草而扬名国际，也因这里独一无二的美景而吸引着每一个旅人的目光。沿途中，你可以看到很多紫蓝色的花朵，在白杨林下，在水渠边，在麦地里，在村庄四周，目力所及之处似乎都有薰衣草的影子。

只有当你身陷花海的时候，才可以体会到薰衣草的妙处。这些薰衣草田是伊犁河谷芬芳的颜色，是原野上花朵编织的地毯，修复着原野的空旷与苍凉。当你细看这些花朵，会发现它们有一种蓝色，可当一小朵一小朵蓝色汇聚成一枝花穗的时候，却又出现了独特的蓝紫色，而成片的花田更是紫得让人陶醉。如此微妙的介于蓝色和紫色之间的颜色，是任何画家的笔也无法描摹的色彩。薰衣草花田之中涌动的蓝，仿佛可以与天空的蓝竞相争艳。

65团场的近万亩花田在伊犁河谷制造出了一片花海，风吹过的时候，花儿浓郁而又极具传播性的香气会散播到很远，就算是五六千米开外都能闻到。生活在65团场的人们都有极其敏感的鼻子，他们甚至可以分辨出不同花田的味道。

花期来临时，人们在花间忙碌，争分夺秒地工作，在如诗如画的美景中挥洒汗水，也收获着自己美好的生活。这就是伊犁的色彩和味道，也是伊犁最让人神往的画面。

Bayinbuluke

忘记时间，与天鹅共舞的巴音布鲁克草原

这里有最肥美的夏季牧场，有风一样奔跑的天马，有憨态可掬的巴音布鲁克大尾羊和双峰驼，更有优雅如天使一样的天鹅。

谁能想到在天山之顶会有如此地势平坦、水草丰美的地方。

盛夏时节，草原上层峦叠嶂，绿野无垠，湖沼广布、牛羊遍野，让人盛赞自然的奇妙，也让人沉醉在这幅画卷中不愿醒来。

天山顶上的梦幻草原

巴音布鲁克草原位于天山南麓，新疆和静县境内。它不仅是中国第二大草原，也是中国第一大亚高山高寒高甸草原。著名的国家级天鹅湖自然保护区就在这片草原之中，数千只天鹅在这里生活、繁衍。如果说草原是一幅巨大的画卷，那么天鹅湖就是这幅画卷之中的灵魂。

沿着绵延的公路一直朝着天山而去，一路上层峦叠嶂，峰峦耸峙，雪峰不断出现在视野之中，海拔也在不断攀升。当山路忽然变得开阔平坦，你就知道一定是到了被天山雪峰托起来的巴音布鲁克草原。

来到巴音布鲁克，你会感觉如同穿越，因为景致与之前路上的大不相同。雪峰、旷野都不见了，眼前只有一大片绿茵，一条蜿蜒的小河缓缓流过，一望无际的草原上散布着一些蒙古包，从蒙古包上升起的袅袅炊烟透露出安详的生活气息。抬眼望去，绿色草原上还有一群群洁白的羊群，映衬着远处被夕阳染成了金黄色的雪山，一切都美得不可言说。

虽然草原的四周都是高海拔的山体，但巴音布鲁克自身的地势却非常舒缓。远远望去就好像是一张巨大的绿色

绒地毯，洋洋洒洒地铺在每一片原野和每一道沟谷之上。更令人惊喜的是，这张美丽的绿毯上还有无数的涓涓细流和明珠一样的湖泊——据说巴音布鲁克草原有7个湖泊、20多条河流，它们不仅为草原带来了丰富的水源，也赋予它动人心魄的美和勃勃生机。

在蒙古语中，巴音布鲁克的意思是“永不枯竭的甘泉”，可见这里自古就是水源充沛的肥美土地，一如群山之中的缱绻水乡，既是万物诞生的源头，也是万物生长的天堂。

有水的地方就会有生命，更何况有如此多的河流滋养着巴音布鲁克草原。这里广泛分布着茅草、苔草、松草、蒿草，还有大片肥美的酥油草，它们都是草原生物最佳的美食，品质上乘的牧草养育着草原上著名的天山马、牦牛、大尾羊和双峰驼。而除了牧草，草原上最迷人的莫过于那些绚烂的、惹人注目的野花了，红白相间、蓝紫相容，知名或者不知名的花朵布满了草甸，每一朵花儿都像是从颜料管里刚刚挤出来似的，颜色浓烈而又纯粹，让人恍如走进画卷。

不同季节的草原有着不一样的美，春夏时节，草原上的绿色就好像是势不可当的洪水一样，到处流淌，漫山遍野，从山冈到平原，再到河谷，凡是眼睛可以看到的地方，统统都被染上了生命的色彩。可是到了秋冬时节，牧草变得枯黄，草原又像是换上了一件金色的羽衣，从张扬、活泼变得安静、祥和，斑驳而又明丽。

除了如茵如盖的牧草和缤纷绚丽的野

巴音布鲁克草原丰沛的水源滋育着这片土地上的生灵。

“草原绿油油的地衣，
托起了一整个夏天，
着迷于天鹅的优雅，
感到时间在这里无限绵长，
美好了光阴，沉淀了岁月。”

❶ 高处远眺巴音布鲁克草原，河流、山川、草地组成一幅明丽的山水画。

❷ 千回百转的开都河从草原上蜿蜒流过，像一条巨龙一直延伸到天边。

花，巴音布鲁克的美还不能缺少一条叫作开都河的河流。据说这条河流非同一般，它身世显赫，即便是在家喻户晓的《西游记》里也都有它的身影，只是在那个故事里它的名字不叫开都河，而是叫作通天河。

千回百转的开都河从草原上流过，用妖娆的身姿缔造出了如梦如幻的意境。从远处看开都河，它就像是一条几十米宽的玉带，蜿蜒地穿梭在辽阔平坦的草原上，一直通向了天的尽头。开都河最令人惊叹的便是“九曲十八弯”。开都河“九曲十八弯”的弯度之大，非常罕见，而且弯道的密度也很集中，所缔造的视觉享受让人怀疑这不是自然所为。更加神奇的是，据说每年农历的八月十五来到这里，你会在日落时分看到河里有9个太阳！

藏在草原深处的天鹅湖

沿着开都河那条似有似无的路，向着草原深处一路走去，车轮碾轧过的痕迹迅速被绿草覆盖。车子在草原上蹦蹦跳跳地前进，行驶40多千米，草地上就会出现一汪汪的水泽和一团团小球似的草甸子，而天鹅湖就在那里。

很多人以为天鹅湖是一个湖，但事实上它并没有碧波荡漾、浩瀚无垠的水面，而是一个由众多相互串联的小湖组成的大面积沼泽地。这片沼泽依靠着开都河，长约30千米，宽约10千米。这一带清泉密布、河网交错、水草繁茂、饵料丰富，是

❶ 大小不一的芦苇荡为天鹅划出了天然的自然生长区。

❷ **振翅欲飞的天鹅**

天鹅湖，一个充满诗画情趣的美妙名字，令人神往。泉水、溪流和雪水汇入湖中，水草丰美，饲料充足，气候凉爽而湿润，非常适宜天鹅的繁衍生息。

❸ 在水中自在游荡的天鹅，娴静优雅，宛如一个美好的少女。

❹ 水中互相追逐嬉戏的白天鹅，阳光下，天鹅、湖水、山峰、云影融成一片极为优美的景致。

中外闻名的诸多珍贵水禽的乐园。在这里分布着许多大小不一的芦苇荡，这些芦苇荡就像是天然的屏风，将天鹅湖划分出众多的区域，而天鹅们优雅地徜徉其间，就如同置身于一个个天然的迷宫中，自得其乐。

被雪山环抱的天鹅迷宫，如同是给天鹅们的伊甸园。每到春天来临时，天山上冰雪消融，草原上万物复苏，大批的天鹅就会从印度、非洲南部成群结伴地飞越崇山峻岭，不远万里抵达这里。它们在这里安顿下来，自由地繁衍生息，仿佛这就是它们最安心的家。四五月间，天鹅开始筑巢产卵，30多天之后雏鸟破壳而出，才算大功告成。当地的牧民十分珍视这些美丽的客人，在他们的眼中天鹅不仅是“贞洁之鸟”，更是“吉祥的象征”，所以严禁任何人伤害它。

来到天鹅湖，你会感到世界都变得安宁了。清晨时分，远处的蒙古包里升起了炊烟，天鹅也开始了逍

Special达人说

观赏天鹅的最佳时间是春夏时节，此时天鹅孵卵、孕育，成年的天鹅会守护幼鸟，比较容易观赏。而秋冬初期，天鹅父母带着子女练习飞翔，以便南下越冬，大群的天鹅翱翔在水云之间，也可以很好地观赏。为了方便观赏天鹅，在巴音布鲁克海拔2500米的天鹅自然保护区两侧都设有观鸟台，其中东部的巴西勒肯德勒观鸟台视野最佳，越野车可以直接开到台前。

遥自在的一天，它们飞出觅食、嬉戏，或者在空中翱翔。成群的天鹅飞过了马背、羊群和蒙古包，在山谷上方盘旋，或者在草原上空久久地俯视人们的身影。等到太阳完全升起来之后，蔚蓝色的湖水里出现了雪山和芦苇的倒影，天鹅们便会和栖息在这里的野鸭等水鸟一起，放开歌喉，开始歌唱。

傍晚时分，出来觅食的天鹅会带来精彩绝伦的水中芭蕾，它们提起修长的双腿，时而捕捉漂浮的草茎，时而蹲下来搜寻细嫩的小草叶，脖颈来回转动，就像是一个高傲的公主正巡视着自己的领土。天鹅的动作是那么轻盈绰约，在湖面上划出一道道柔滑的弧线。夜色来临的时候，天鹅们开始栖息，它们的睡姿也一样动人。它们会将自己的脖颈弯下来插到翅膀下，或者卧在地上，或者单腿站立在草丛里，或者漂浮于水面之上。它们的影子倒映在湖水中，随风摇曳，让人不忍打扰。

在天鹅保护区的东部，有一个巴西勒肯德勒观鸟台，在这里可以俯瞰天鹅湖全景，还可以看到蛇形的开都河一直流向远方的博斯腾湖，水道纵横交错，雪山倒映在湖面，大地一片寂静，只有鸟儿在叽叽喳喳地鸣叫。如果登台的时候正是黄昏时分，你会看到阳光穿透了天际的云层，散发出万丈光芒，把巴音布鲁克草原照耀得辉煌夺目如同仙境，令人如痴如醉。

据当地牧民介绍，天鹅在白天的时候都会飞去草原深处觅食，只有早晨和晚上才可以看到密集成群的天鹅。景区有橡皮艇供游人划到湖沼深处去近距离观赏天鹅，也可骑着马在湖畔随意溜达，等着日落时分看天鹅们成群起舞。

得益于当地牧民对于动物的爱护，这里的鸟儿都不怕人，浅水处的野鸭、灰雁、斑头雁都会悠然地游弋觅食，或者静静地蹲在密集的草丛里孵卵，就算人们走近，它们也不会惊慌。回巢的天鹅站在离你百十米的水面上，和它们一起静静地凝望，你也会被深深地感动。

土尔扈特人的英勇之诗

巴音布鲁克草原的中心是巴音布

鲁克镇，生活在这里的天鹅守护者就是土尔扈特人。土尔扈特人是蒙古族的一个分支，他们在巴音布鲁克草原依水而居，以马代步，用脚丈量着这一片广袤的土地，用豪情吟唱着这一片草原。

走在这里，你会发现很多店铺都使用“东归”作为自己的名字，这个词与土尔扈特人有着密切的联系，代表着他们经历的一段残酷往事，也代表他们对现在美好生活的珍惜。

作为中国蒙古族的一个古老部落，土尔扈特人曾居住在新疆塔尔巴哈台。明朝末年，他们为寻找新的生存环境，越过了哈萨克草原，渡过了乌拉尔河，来到伏尔加河下游，开拓自己的家园。沙俄政府对他们实施宗教迫害，并征用大批的土尔扈特人征战沙场，作为其扩展版图野心的牺牲品。土尔扈特人终于无法忍受，在当时的领袖渥巴锡的带领下，决定离开这片生活了140多年的地方，回归故里。

东归之路是艰难的，离开伏尔加草原的有17万土尔扈特人，经过一路恶战，加上疾病和饥饿的困扰，最终只有7万人来到了伊犁河畔。清政府指派了官员，勘察水草丰美的地方，将巴音布鲁克、乌苏、科布多等地划给他们做牧场，让他们可以在这里安居乐业。

几百年过去了，土尔扈特人在这片泉水丰沛的地方休养生息，天鹅抚平了他们关于东归的创伤记忆，让他们过上了安稳的日子。他们日出而作，日落而息，沿着水域辗转牧场，和鸟儿和谐共居，勾勒出了一幅美好安详的生活图卷。

如今的巴音布鲁克草原不仅生活着土尔扈特人，还有蒙、汉、藏、哈萨克等9个民族。虽然各民族生活习惯不同，但共同生活的草原像一条无形的纽带将他们联系在一起。每年农历六月初四至初六，是巴音布鲁克草原最热闹的日子，不同民族的人都会聚集到一起，参加“那达慕”大会。这是草原上一年一度的盛会，人们赛马、摔跤、射箭、拔河，进行众多传统体育比赛和文艺表演，纵享美好生活。

射箭

摔跤

赛马

Wucaitan

最美第一滩：五彩滩上的色彩盛宴

如果说额尔齐斯河是一匹绿色的绸缎，那么镶嵌在河畔的五彩滩必然是最璀璨夺目的那一串珠宝。

这里不仅有颜色艳丽如油画的雅丹地貌，还有一片绿意盎然的生机，更有令人神秘难解的自然奇观。

这片土地是如此热情奔放，当你的脚真正踩在上面的时候，会感觉到阳光的抚摸和微风的吹拂，会感受到那快要燃烧起来的色彩充斥着你的眼睛，会感受到自己如同飞翔在画卷里的小鸟，渺小但却快乐，同时感叹造化的神奇。

最美第一滩的美名并非浪得虚名，而你想真正拥有它的美，必须在最恰当的时间抵达，你准备好迎接那一刻了吗？

视觉盛宴五彩滩

在新疆北端，五彩滩虽然占地面积不大，但却一直享有“天下第一滩”的美誉。得此盛名，五彩滩自然也吸引了无数的游客前往一探究竟。

五彩滩属于阿勒泰地区布尔津县境内，地处我国唯一注入北冰洋的额尔齐斯河北岸的一、二级阶地上，海拔480米，距离布尔津县城24千米，是前往喀纳斯湖景区的必经之地。

布尔津县是阿勒泰地区西三县的交通要道，西北部与俄罗斯、哈萨克斯坦交界，东部与蒙古国接壤，是我国西部唯一与俄罗斯接壤的边境区，也是全国少有的四国交界区域。这里主要的居民是哈萨克族人，是一个有21万人口的城市。

这座小城的美丽超乎人们想象，虽然地处边境，但却整洁得让人难以相信，街道两旁布满了鲜花，马路上纤尘不染。园区间有伟岸挺拔的风力发电

▶布尔津小城及额尔齐斯河沿岸风光

机，田野里是一望无际的葵花和草场，县城里有鳞次栉比的欧陆风格建筑，红白蓝色为主的屋顶被“绿色保卫者”构筑成了一个美好的童话边城。从布尔津出发不远，就是著名的五彩滩，据说这里早晨和傍晚的风景是最美的。靠近远离城区的五彩滩，你会顿时感觉空气新鲜了不少，干净的柏油马路甩出了漂亮的弯曲弧线，除了偶尔有车辆疾驰而过，再也听不到任何声响，也不再有人烟。

沿途草木茂盛，夹杂着碧绿的白杨和白桦，似乎可以延伸到蓝色的天边，长长的布尔津大桥那白色的栏杆也似乎闪闪发亮。额尔齐斯河的河水清浅，河床上卵石大小相间，成片地裸露在河床上。还有三五头牛在河畔悠然地吃草，景色美得如同一幅画。

额尔齐斯河的两岸风光大不相同，南岸有一大片葱茏的绿洲，和远处的蓝天融合在一起，显得妩媚动人，充满了生命力。而北岸却是一片荒漠，颜色却绚丽多彩，悬崖式的雅丹地貌山势起伏，还被诸多大自然的鬼斧神工雕琢出造型各异的地表形态。

夕阳西下的时候，是五彩滩焕发魔幻般视觉魅力的时刻。尽管北岸寸草不生，却是五彩滩的精华所在，只见金色的夕阳把额尔齐斯河变成了一条缓缓流动的蓝色锦缎，而白色的沙洲就像是镶嵌在蓝色锦缎上的钻石一样耀眼。夕阳似乎有一种特别的力量，瞬间让周围的一切景致改变了自己的模样，河岸畔的白杨树与白桦树，显得更加繁茂；河滩湿地变得波光粼粼，似乎成了一面可以映射出宇宙的魔镜。在湿地的背后，则是大片的草甸草原，你看那星星点点的羊群和毡包散落在草原上，就像是蓝天里飘浮着的白云。

看足了远处的美景，也许你需要收回目光坐下来仔细看看眼前，此时的五彩滩，红色、黄色、绿色、白色的岩石层层叠叠，更兼有紫红、棕黄、土黄、浅绿、灰绿、灰白等种种过渡色的岩石铺天盖地，它们从布尔津的哈巴河公路一直延伸到额尔齐斯河的河岸，组成了美轮美奂的地貌。这里不仅有沟壑、凹槽、土岭、岗埠、方山、圆丘，还有刃脊、角峰等种种奇特的地形，简直应有尽有，让人目不暇接。尽管地貌的高差不超过30米，面积也不过3平方千米，可是丰富的地貌却让景观变得异常丰富，刚才是盘旋回环，转眼间就奇峰突起，真的是扑朔迷离，趣味横生。新疆的日色可以持续到很晚，如果你迷恋五彩滩，到晚上

10点多的时候太阳才会西沉，天色才渐渐变暗。

雅丹地貌，摄影者天堂

五彩滩之所以能够成为一个如此迷人的色彩王国，与它的地质成因有很大的关系。中国内陆地区奇特的雅丹地貌，表现为断续延伸的土墩和凹地沟槽间隔分布的地貌组合。有两个关键的因素影响到了五彩滩的形成，其一是发育这种地貌的地质基础，也就是湖相沉积地层；其二是外力的侵蚀，也就是荒漠之中强大的定向风的吹蚀和流水的侵蚀。

新疆荒漠的风和额尔齐斯河的水带走了五彩滩疏松的土层，对坚硬的泥岩层和石膏胶结层却无能为力，但是巨大的温差所产生的胀缩效应导致泥岩层最终崩裂，暴露出来的砂土层被风和流水带走，形成了雅丹地貌独特的凹槽状。泥岩层覆盖的部分比较稳固，形成或大或小的岩石或土墩，雅丹地貌的形态也就逐渐凸显。

在五彩滩还未被人发掘的时候，这里并不是一个收费的景点，很多摄影爱好者会来此地拍摄，即便是冬日的时候也有人来拍摄五彩滩独特的日出景观。当太阳从地平线露出来，橘红色的光线把河岸染得通红一片。在不远处的阿克吐别克吊桥上，哈萨克族牧民骑着高大的骏马，驱赶着羊群从吊桥上走过去，给安静的五彩河谷增添了很多生气。虽然新疆冬日的温度可以达到−30°C，非

夕阳中的五彩河岸

常寒冷，但亲眼看见晴朗天气下五彩河岸日出的美景，却让人感觉受再多的罪都值得。

作为摄影爱好者的天堂，五彩滩河岸长期受到风蚀、水蚀以及淋溶等自然作用的影响，小土梁间宽可以达到5～10米，土梁高度一般为5～15米，最高的可以达到25米。这些土梁高低错落，构成了一幅有意思的图画。这里的干旱和多风，让河岸岩层形成了参差不齐的轮廓，岩层以红色、土红色、浅黄和浅绿色砂岩组成，岩石的色泽各异，五彩缤纷，形状就好像是古堡、怪兽。奇特的造型再加上大风吹来时怪异的声音，给这片土地增添了许多神秘色彩。

额尔齐斯河自东南向西北流入哈萨克斯坦，是仅次于伊犁河的新疆第二大河流。这条河的河水平缓而且开阔，著名的阿克吐别克钢索桥将对岸的绿色河滩与雅丹地貌连接起来。一般来说，雅丹地貌的周围都是戈壁荒滩，而五彩滩却非常神奇，它面对着一片绿色的河谷。截然不同的地貌就这样唇齿相依，一河隔两岸，俨然两重天，对比强烈，却又浑然天成。而且，额尔齐斯河岸边的杨树林有很多珍贵的木材，其中青杨、白杨、苦杨和胡杨四大杨树体系也构成了一幅奇特的美景，渲染出了额尔齐斯河的浪漫。

虽然大家都知道拍摄五彩滩最佳的时间点是夕阳西下时分，但仅有的半小时夕阳又如何能让你拍得完五彩滩的美呢？所以很多摄影师都是从入口处向西北沿着步道边走边拍，然后再折回，向西南段边走边拍，最后在夕阳西下的最佳时机，来到中段略靠近西北岩层色彩与台地沟垄造型最佳的地段，拍摄出一张佳片。

拍摄五彩滩的时候，既要注意记录岩层的颜色，更要注意抓住地貌特征和光影变化，可以局部特写，也可以拍摄大场面，表现出质感和细部结构。太阳和地平线呈15～30度角的时候，光线最为理想。需要注意的是，哪怕你使用了三脚架，也要用手使劲拽着相机，因为这里的风实在太大，即便如此相机都会被风吹得不停抖动，最后让人不得不打开防抖功能，这也算是正确使用相机防抖功能的一个特例了。

五彩滩有色彩绚烂、造型奇特的雅丹地貌，也有巨浪重叠、银波翻腾的额尔齐斯河，还有璀璨夺目、令人惊艳心

“动感的河水激荡，隆隆的**狂风侵蚀**，
凝聚成一曲**活力无限**的生命旋律，
是草原上忽然跳起来的一段音符，
让人**感受到壮美**，
也感受到柔情。”

◀切木尔切克石人、石棺墓群已被列为国家重点保护文物。

醉的杨树林，这些美好的事物都集合在一起，还有什么地方可以和它相媲美呢？

草原怪石，切木尔切克黑色石人

阿勒泰是一个多么神奇的地方，仅仅一个五彩滩就让人流连忘返了，但它的神秘宝藏还不止于此。如果看完了五彩滩，你对阿勒泰神奇石头的好奇心还没有终止，那么切木尔切克的草原怪石也一定会让你大开眼界。

这片陨石群在切木尔切克乡西部5千米处，沿着布尔津217国道就可以抵达。放眼望去，这片陨石散落、堆积在东西长40米、南北长110米的平缓丘陵地带，貌似没有什么神奇。可是当你走进它，看到那些灰黑色、坚硬无比、不规则形状的陨石，好奇心立刻会被挑起——是谁制造了这一切？

被当地人称之为草原怪石的这片陨石，最大的占地面积可以达到10.35平方米，有很多光滑的棱角，是不规则的圆形。如果你用手去敲击它，可以听到悦耳的声音。当地人认为它们是从天上而来，但也有专家认为这是一种叫作闪长岩的金属含量很高的石头，是阿尔泰的自然石。而且，这些神奇的黑石头上还刻画着人脸，这就让人更加捉摸不透，是谁将它安置在这里，见证亚欧大草原几千年来的风云变化？

生活在阿勒泰地区的民族有哈萨克族、维吾尔族、蒙古族，他们都没有立石人的风俗。如果要找石人的主人，就必须到古代民族去寻找。据说石人的附近一般都会有墓葬，专家根据墓穴去寻找，却并没有找出类似的遗迹。而且游牧民族的墓穴本身就很简单，所以更难找到直接的证据。只在荒野的深处，发现了一片古墓葬群，有五尊类似的石人站立在墓葬的东侧，也是用黑色的岩石雕刻而成，石人的脸部和眼睛都呈圆形，面颊上刻画着三角装饰，证明这里曾生活过其他民族。

类似的石人还有几尊被收藏在阿勒泰市文管所，它们共同的特点是右手持杯、左手握剑。专家认为这种武士型的石人是突厥石人的代表，它们之所以握剑，代表的是突厥人尚武的习俗。而且古人认为石人可以通灵，即便在人死后也可以将灵魂依附在石人身上，只要石人不倒，灵魂就不会消失。

▲蝴蝶沟里冬暖夏凉，泉水淙淙，繁花似锦。每一朵花都会有一只蝴蝶宠爱。这里蝴蝶品种繁多，色彩斑斓，美不胜收。蝴蝶的动作更是千姿百态，万般风情。

Hudiegu

寻觅绿野仙踪：阿勒泰蝴蝶谷

这里是童话之中才会存在的世界，这里也是现实世界之中最美丽的地方。

金色的桦树林里，落叶就像是厚厚的地毯。原木小屋里，居住着远离凡俗的世外高人，与他为伴的就是深谷之中的泉水、林木与蝴蝶了。

山谷之中弥漫着雾气，滋养了蘑菇。五彩的湖水静静的，没有一丝波澜。突然之间，无数的蝴蝶从草丛花叶之间飞了出来，组成了一幅美丽的图画，这样的画面在蝴蝶谷每天都在上演。

如梦似幻的蝴蝶世界

从阿勒泰市出发，驱车向东大约60千米，跨过额尔齐斯河，就来到位于福海县北部的库别力克山区。这里有一条被当地人称之为“库别力克布拉克”的山沟，这就是被称为“蝴蝶谷”的秘境。

蝴蝶谷，顾名思义，是一个满是美丽蝴蝶的地方，四周高山环绕，冬暖夏凉，而且到处都是淙淙泉水、如茵绿草、似锦繁花。这条南北走向，长约60千米的山沟，海拔1400多米，每年6月到9月之间，是这里最美好的日子。

当天气逐渐暖和起来，蝴蝶谷里的气温也渐渐升高，很多生物都在这里茁壮成长，自然包括美丽的蝴蝶。走进山沟，你会看到林间、树丛，到处都飞满了蝴蝶，花朵上有许多蝴蝶在采食花蜜，低洼处有很多蝴蝶在纳凉休息，山径虽然不长，但每隔50米，就可以看到一团团的蝴蝶正在“聚众”飞舞，似乎是举行一个什么盛大的节日庆祝活动。遇到这样的场景，相信许多人都已经无法移动脚步了，因为这样的一堆蝴蝶，少则上百只，多则可达上千只，它们簇拥着飞舞过来，让游人的脚步也无法向前，因为你只要向前迈进一步，就可能伤害到它们，而谁又忍心伤害这种美丽的生物呢？

蝴蝶谷里究竟有多少种蝴蝶？这个问题就好像“卢沟桥的石狮子有多少只”一样，似乎从来都没有过一个准确

▲蝴蝶沟里云蒸霞蔚，花团锦簇，有数百万计的彩蝶在这山沟里聚会，汇成了蝴蝶的海洋。

的答案。据说这里的蝴蝶品种不低于数十种，每一种都色彩斑斓、美不胜收。阿勒泰富饶的自然环境为蝴蝶提供了完美的栖息条件，让它们得以健康、恣意地成长，这里的蝴蝶大的如同枫叶，小的好似雪花，有的体形如同银梭，有的双翅好似抛物线，有的则如孔雀开屏，绚丽无比。

作为大自然之中最善于使用色彩的物种之一，蝴蝶用自己的翅膀点亮了整个库别力克山，它们有的颜色单一，有粉白、金黄、墨黑、银灰；而有的则绮丽耀眼，闪烁着金属的光泽。它们的聚居让每一种蝴蝶都得到了充分展示自身美丽的机会，千姿百态、风情万种，将昆虫舞蹈家的迷人身姿展现得淋漓尽致。

被世人关注之后，当地政府并没有全力发掘蝴蝶谷的旅游价值，而是致力于保护这里的生态环境，给蝴蝶一个安全的家。现在，这里数量最多的是山楂粉蝶，而最珍贵的则是体型巨大的凤蝶，珠绢蝶、云斑粉蝶、线蛱蝶、豹纹

“它们是花中仙子，也是精灵的化身，翩翩起舞间，带来一阵阵彩色的风，轻盈的梦。”

蛱蝶、白钩蛱蝶、小灰蝶是蝴蝶谷里族群较大的品种。

花香蝶舞，带你走进梦幻国度

如果问一个首次来到蝴蝶谷的人有什么感受，他一定会告诉你“就像是做梦”。因为这里的一切都美得如此不真实。

且不说阿勒泰浓郁的草香与花香可以让你忘记世间一切苦恼，翠林与绿山可以洗涤你的眼睛，飞瀑和涌泉可以涤荡你的耳朵，单是看到那卧在花丛之中惬意享受阳光的牛、马、驼、羊，你都会羡慕它们。

蝴蝶谷的美好必须要亲身去体会，跟随着飞旋在蓝天上的雄鹰，感受着空旷草原的宁静和神秘，呼吸着沁人肺腑的新鲜空气，走进蝴蝶谷就是走进一个梦幻的国度。幸运的话，在步入蝴蝶谷的第一时间，你就会看到成千上万的蝴蝶组成蝴蝶群在迎接你。它们的花花翅膀组合在一起，在阳光下一起舞动着，就好像是一片片飘动的彩霞。少顷之间，那彩霞就像是变魔术一样幻化出不同的图形，有的看似山鹰展翅，有的如同猛虎长

▲蝴蝶在花间穿梭往来

◀阿勒泰的秋天

阿勒泰的秋天多彩又静谧，高大的白桦树流光溢彩，小木屋在一片金黄的背景下，更显安静，在这里更容易体验时光的不徐不疾。

啸，还有的好像是扬鬃奋蹄的天马，在空中傲然飞腾。

跟随着飞舞的蝴蝶，移步到繁花遍野的芳草地，进入眼帘的会是另一种奇观，数以万计、数以亿计的各色蝴蝶正在那里翩翩起舞，它们色彩斑斓，和花儿交相辉映。花中有蝴蝶，蝴蝶之间又有花，那些开花的植物似乎就是为了这个美丽的生物而来，为它提供养分，滋养着它的美，而蝴蝶也通过从花朵之中吸吮到的营养，练就了一身绝世的舞姿。尽管蝴蝶的幼虫吃起植物来总是毫不留情，往往可以将一座花园吃得乱七八糟，可是当它长大之后，就会成为花朵的传粉者，保证新一代的植物能够开花、结果，并将生命延续下去。花朵、蝴蝶之间的关系，不也代表了天地之间万物神秘而又玄妙的关系吗?

蝴蝶飞累了，会收敛起翅膀，齐刷刷地飘落到花草之上，尽情地享受阳光雨露。这个时候，就算你走过去，蝴蝶似乎也不会有半点的惊慌和诧异，它们在专注

Special达人说

蝴蝶谷既是蝴蝶的王国，也是花海蜜源，同时也盛产各类珍贵的药材。目前国际市场已经开始关注阿勒泰蝴蝶谷的自然资源，美国、日本的企业希望进驻这里开发。丰富的自然资源为当地的人们带来良好的经济效益。作为一条流芳溢蜜的宝沟，在保护生态环境的前提下，更好地开发利用蝴蝶谷的自然资源，一定可以造福阿勒泰，这里的未来也一定会更加美好。

地享受着，完全不会被打扰。如果有人刻意地将它们轰赶起来，它们也只是在空中盘旋几圈，然后又缓缓落下。有一些蝶儿还会轻轻地落在人们的肩头和手上，小小的眼睛打量着陌生的客人。它们对人有一种天然的信赖，就像是一个天使的吻落在你的额头，让你的心灵充满温暖。此时，你会不由自主地凝视着它，甚至用脸贴近它那美丽的羽翼，并且在往后的日子里永远铭记这一刻的温存。

蝴蝶谷的生存环境如此优越，这里不只有蝴蝶，也有其他的生物聚集，混杂在蝴蝶之中的蛾类便是其中的一种。蛾和蝴蝶虽然相似，但却有很多区别。一般来说，蛾类

蝴蝶谷优越的生存环境和美丽的传说为这片土地带来勃勃生机。

都需要作茧，而蝴蝶不需要。休息的时候，蛾类会把两翼铺开，就像是一个懒洋洋的孩子似的；而蝴蝶在休息的时候却会将翅膀立起来，似乎随时都在准备腾空飞去。此外，蛾类的颜色都比较暗淡，它们喜欢在黄昏时行动，利用暮色来掩藏行踪；而蝴蝶却喜欢在阳光中飞舞，恣意地享受自己美好的生活。

在中国，蝴蝶被视为爱情的象征，因为它们一旦物色好了自己的伴侣，就会从一而终，永不分离。很多咏唱爱情的歌曲都会用蝴蝶来比喻自己的爱人，梁祝化蝶的故事已流传了一千多年，而阿勒泰也流传着一个关于蝴蝶的爱情故事。传说很久以前，阿勒泰的国王有一个美丽的女儿，有一年夏天，她遇到了一个猎人。两个年轻人一见钟情，坠入了爱河。但是国王却不想将女儿嫁给一个猎户，便不断刁难他。国王提出，让猎人在一日之内攀上阿勒泰雪峰采回两朵雪莲，才肯将女儿嫁给他。猎人不畏艰险，为了爱情勇敢地攀上了雪峰，可是却在峰顶不幸跌落悬崖。消息传到了公主的耳中，她痛不欲生，立刻赶到悬崖前一跃而下，以身殉情。第二年的时候，人们发现这里飞舞着两只彩色的蝴蝶，大家都说那就是公主和猎人的化身。从此，蝴蝶在这里幸福地生活，繁衍生息，也为我们带来了美丽的蝴蝶谷。

Xiangfeimu

迷情香妃墓，

沉醉于那芬芳的美丽

在丝绸古道之上，喀什就像是一个汉唐小驿，就像是吴道子笔下墨色释放出的一缕光泽。

这座小城带着天际之中驼队的驼铃，吟诵出了一声声哀叹，勾走了历史数千年的魂魄，带着大漠飞舞彩凤的神秘。

而香妃墓，代表着新疆多少的美好与甜蜜、付出与真情、伤情与别离！

喀什风情，香妃陵园

在很多行走者的心目之中，新疆是集结了中国最多美景的地方之一。而在新疆，喀什则又是最具有代表性的地方。每一个来到喀什的人，都会感叹不虚此行，因为这里不仅有新疆的风情，还有新疆的历史和文化，而这其中，香妃墓就是最具神秘色彩的一个地方。

喀什东北郊5千米处的艾孜热特村，原本只是一个平凡的小村庄，这里道路两旁是高大挺拔的白杨树，阳光从繁茂的树叶缝隙里漏下来，斑驳地照在维吾尔姑娘的花裙子上。这样的场景，也许你在新疆许多地方都可以看到，但喀什却有自己独特的魅力，穿过那条仅能容一辆车通过的公路，你会抵达一座伊斯兰式的古代建筑，那就是著名的香妃墓。

香妃墓坐落在艾孜热特村的林荫深处，高高的屋顶被白杨树掩盖着，在树梢和苍穹之间昂首而立的尖塔熠熠生辉，让人啧啧称奇。这座闻名遐迩的墓葬是现今新疆地区规模和影响力最大的伊斯兰教陵墓，占地达70余亩。

这座陵园始建于1640年，距今有370余年，是国家重点文物保护单位。传说乾隆帝的爱妃——一位身体有香气的维吾尔族姑娘便葬在这座陵园。在她病故之后，皇帝特准她的家人将遗体运送回喀什，安葬在这里。当地人也将这座陵园称为“阿帕克霍加墓”。

从秦皇汉武，到明清两代，中国古代的墓葬陵寝都非常讲究，中轴对称的严整布局是绝对不可破坏的规则。但是在香妃墓，却有一些别具匠心的设计，这里不是人们常见的依山而建、居高临下的陵墓建筑，而是通过道路、水池、林带等，曲折而又巧妙地将陵墓和村庄联系在一起，又合又分，疏而不离。同时，作为宗教活动的重要场所，为了满足人们的宗教需求，陵园里除了主要的墓殿之外，还建立了四座礼拜殿和一座经堂，设置了

▲香妃墓原来叫阿帕克霍加墓，香妃去世后遗体被运回喀什，并安葬于此，因而人们又将其称为香妃墓。

❶ 国家重点文物保护单位香妃墓正门

❷ 香妃墓内棺椁

❸ 香妃墓一角的尖顶门廊

❹ 门前立柱上精雕细琢的纹饰，经过时间的洗礼，依然纹路清晰。

❺ 香妃墓中的墓群

❻ 香妃墓侧面

1

供教徒们生活用的食堂、浴室、水池，等等。据说，每当伊斯兰教的传统节日来临时，方圆百里的教徒都会骑着毛驴，带上干粮，携家带口，不辞辛劳地赶来朝拜、瞻仰。那个时候，到处是一派节日的盛况。

2

跟着人潮向前走，举目就可以看到陵区入口处的小礼拜殿。这座殿堂修建在高高的台阶上，宽敞的殿内雕梁画栋，装饰得非常华丽。在殿堂中心的藻井之上，描绘着色彩浓郁的吉祥花卉。在殿内的柱子上雕刻着精细而又简练的几何图形。在转角处和大门两侧的塔楼上，都用土黄色的小砖砌出了各种规则的图案。墙面砌着尖拱形的装饰线，体现了维吾尔族建筑所特有的轮廓与风采。

除了入口处的礼拜堂，陵区还有三座礼拜堂和一座经堂，它们也各具特色，有的屋顶为朴实的平坡，有的屋顶则高耸入云，有的屋顶采用连续式的小穹顶，显出维吾尔族工匠们卓尔不群的建筑才华。

再向前走，可以看到陵区的主墓墓殿，它呈长方形，长50米，高达26米。圆形的穹顶上装饰着小塔，设计手法避免了方形宫殿的呆板感，展示出了民族建筑的风格。在塔楼、圆顶、门面、屋檐和墙壁上，都装饰着闪闪发光的蓝绿色玻璃贴面砖，配合着白色的墙面，让建筑造型显得更加稳重简

3

④

⑤

⑥

洁，大方美观。墓殿内部，走廊回转，尖拱林立，一色的白壁，让人们感受到墓室建筑所特有的肃穆感。

石膏的运用是香妃墓的一大特色。因为喀什一带盛产石膏，而且强度大、耐水性好，所以这里的建筑广泛采用石膏雕花装饰。香妃墓的外部装饰使用了石膏雕花，墓殿大门两侧也有大型的石膏浮雕，这些雕塑深浅适中，线条刚劲有力，花纹多姿多彩。在四角塔楼上部也有石膏雕花，线条简洁明朗，尤其是每一个塔顶的几幅石膏透雕，在新疆其他的古建筑之中难得一见。这种石膏透雕图案灵活多变，粗细得宜，在阳光的照射下尤其优美。

芳香圣地，香妃墓里真的有香妃?

香妃墓的建筑风格华丽庄严，造型宏伟壮观，主墓室是整个建筑群之冠，也是新疆最大的穹顶式建筑。

每当人们看到如此宏伟的建筑，看到绿色琉璃墙上绘制的彩色图案和阿拉伯文警句的时候，总会好奇地问：这里真的葬着香妃吗?

事实上，香妃墓中不止一座坟墓。当你走进主墓室，就会看到离地面半人多高的平台上，排列着高低大小不等的墓包几十座。

据说，这里高大的墓包中葬着男性，小巧的墓包中葬着女性，男女墓包加起来一共58座。更有人声称，这里安葬着香妃家族的五代人，香妃只是这个家族中的一名成员而已。

如果你仔细观察，会发现墓室上方巨大的穹顶显得极其空旷，整个陵墓全都是砖泥结构，没有一根木材，堪称是我国古代维吾尔族建筑艺术的典范。墓室左侧，安置着一辆古色古香的马车。据说这是当年香妃去世后运送她遗体回新疆的马车，在家族努力下，这辆马车用三年的时间才将她的遗体运回安葬。

香妃墓既然并不是香妃专属的墓地，为什么会有这么一个名字呢?

根据当地民间的传说，香妃原本是回疆首领霍集占（又名为小和卓木）的妻子，她不但天生丽质，而且生来身上就有一种异香。当年，清政府平定了大小和卓的叛乱之后，清朝将领兆惠将她作为战俘带到了北京。乾隆皇帝对她一见钟情，封为妃子，恩宠备至。但是香妃却矢志守节，随时都携带着一把刀在身上，准备报灭国之仇。孝圣太后发现后，趁乾隆不在，将这个坚贞不屈的女子赐死。

Special达人说

《清史稿·后妃列传》记载，乾隆帝有一位来自和卓的妃子，号容妃。作为唯一来自新疆回部的妃子，容妃被认为就是传说中的香妃。乾隆曾为了容妃的宗教信仰，在中南海修建了宝月楼和回子营，并在里面建立了清真寺。可见乾隆深爱香妃之心不假。1788年，55岁的容妃逝世，被安葬在河北遵化清东陵。1979年发掘容妃墓，证实了她的身份，也证实了她并不是预谋刺杀乾隆而被赐死的。而位于喀什的香妃墓，也确实只是一个衣冠冢。

香妃死后，乾隆非常悲痛，对这位刚烈大义的美人非常钦佩。于是，他命人将香妃的遗体运送回她的故乡新疆喀什，安葬在她的家族阿帕克霍加墓中。当地人为了纪念这位维吾尔族的美人，便将阿帕克霍加墓称为香妃墓。

在香妃墓的旅游手册上，有一段关于阿帕克霍加墓的介绍。其上说，阿帕克霍加墓原本是一座历史建筑，但是它的前身非常简陋，并不如今所见到的香妃墓。现在的规模是经过了三次变动、重修和修缮的结果。乾隆皇帝在公元1795年曾经下令修葺阿帕克霍加墓，这是第一次由政府拨款进行的修缮。由于此次修缮让这座墓地和乾隆有了关联，所以后世就有了乾隆爱妃葬于此地的说法。

关于香妃墓，还有另外一个说法，认为这里只是香妃的衣冠冢。光绪三年（1877），湖南人萧雄跟随着清军征战大漠，平定了为祸一时的阿古柏叛乱。当大军来到喀什噶尔古城的时候，当地特有的风俗和古朴的民情深深打动了萧雄，给他留下了深刻的印象。回到故乡湖南之后，萧雄作《听园西疆杂述诗》4卷，在这部著作里，他将阿帕克霍加墓称为香妃墓，这个美好的名字也就从此传播开来。

“香妃墓”装饰图语

作为典型的民族建筑艺术特色的古建筑群，香妃墓在建筑的规模、材料、

▲香妃墓殿堂旁边立柱上白底蓝花的古琉璃砖雕饰，以及墙壁上程式化的装饰纹样，都体现出维吾尔族建筑特有的风格。

形制上的特点，独特的纹样和古琉璃砖饰，以及造型多变的柱式，传达出了喀什地区特有的文化理念，形成了南疆独特的伊斯兰建筑装饰图语。

如果仔细观察香妃墓的柱子装饰纹样，会发现上面的植物纹样甚至比几何纹样还要多。这些植物纹样以生命之树、莲花、缠枝纹、忍冬纹、石榴纹为主。其中，生命之树的纹样以中间的花茎或花枝为对称轴，左右呈现对称的花朵或叶子，顶端有一朵花苞。通过细微的观察，你还可以发现生命之树纹样注重描绘不同花卉的花形、花心、花瓣的形状和色彩，叶子的形状也是片片不同。同时，它又把握住了植物的生长规律，提炼出“树”的形状，形成程式化的装饰纹样。

生命之树这种古老的装饰纹样存在于古埃及、古印度和两河流域等地，在不同的地域有不同的含义，但都存在宇宙之树、通天之树、长寿之树的含义，其纹样是人类生命永生意识的物化，具有永生和生命活力的吉祥含义。

香妃墓的门殿装饰艺术，突出了以古法琉璃花样为特点的组织构成，琉璃砖以精美的二方连续和四方连续图案组合，配合白底蓝花相间的色彩表达，俏丽夺目。白蓝搭配给人以冷静、安详的感觉。香妃墓门殿的正立面就大量使用了白底蓝花古琉璃砖，象征着墓室主人融入了浩瀚宇宙追随真主而去。

虽然随着时光的流逝，蓝白古法琉璃砖的光彩已渐消散，但有序的图案组合、压花的形式，依旧清晰地体现出维吾尔族人高超的建筑艺术和鉴赏水准。

香妃墓的装饰图语在该建筑群扮演了重要的角色，来到这里，你必须了解当地的宗教和文化，才能更好地领悟这座建筑之美。图语让香妃墓的建筑文化形态有了更高的艺术识别性，含蓄地表达了一种信仰的力量。

Kezier Shiku

丝绸之路佛教奇观，克孜尔石窟

克孜尔，是“红色”的意思。

在红色的山脉中，镶嵌在险峰与幽谷之间的石窟，犹如错落有致的蜂房，壮观雄伟。

石窟之下是水流湍急的渭干河，水色与山光相交汇，风光无限。

第一眼看到克孜尔千佛洞，恍如看见敦煌莫高窟的影子，它们都是在山间蜿蜒的回廊，洞窟之间都有千回百转的云梯；与敦煌莫高窟不同，克孜尔的石窟显得格外安详沉静，浑然不觉红尘之外的沧海桑田。

它就恰如一个隐居在此的佛陀，不管春秋，欣然而坐，眼观鼻、鼻观心，将宇宙万物都参照于心间。

又一个敦煌

佛教在中国的传播已然上千年，在很多人看来，佛教进入中国的每一个脚印是那么迷人，这其中就有它行经之处所留下的各色石窟。作为丝绸之路上最耀眼的石窟之一，新疆克孜尔千佛洞就是佛教最杰出的代表。

克孜尔千佛洞，又被称为克孜尔石窟，位于新疆阿克苏地区拜城县，这里是丝绸之路联合申报世界文化遗产的遗产地之一。在维吾尔语之中，克孜尔的意思是“红色”，千佛洞所在的地方就真切地向人们阐释了这一词语的含义。

前往千佛洞，需要从拜城县出发，向着山谷行进60多千米。这里远离繁华，没有直接可以到达的长途汽车，说它离群索居一点都不为过。如果你是从阿克苏市出发，需要乘坐2个小时的长途汽车抵达拜城县，然后再换乘前往库车的长途汽车，一个多小时之后就可以到达克孜尔镇。

这个小镇沿着公路而建，规模并不算大，可是就算站在镇子的最高处眺望，似乎也看不到千佛洞的踪影。因为小镇距离克孜尔千佛洞还有7千米的路途，你不得不再次换乘交通工具。小镇上有很多三轮摩托，只要你和当地的维吾尔族大叔商量好了，他们就会让你坐在车厢里，一路向西，开进茫茫戈壁。

▶**鸠摩罗什铜像**

克孜尔石窟前面矗立的鸠摩罗什铜像，其像体态安详，低头沉思，见证了历史的变迁。

由于戈壁滩上植物比较少，公路也是坑洼不平，车子在颠簸之中艰难地行进。好在不需要多久，就可以看到朦胧的山影，那里面就是克孜尔千佛洞藏身之处。摩托车进入专门通往千佛洞的道路，到处都可以看到“地质灾害”的警示牌，平添一种紧张气氛。走过一段在山丘之间蜿蜒的公路，转过几个山头，眼前忽然出现了一片绿洲。这里的河水缓缓流淌，树木郁郁葱葱，远处还有红色的田地与稀稀落落的建筑。再往前走不远，就可以看到扎提河谷北岸那微微呈现出红色的岩壁，以及岩壁上密密麻麻的石窟。

这里的山体因为土壤的缘故都呈现出鲜亮的红色，这也是为什么人们将这里称为“克孜尔”的原因。红色的山体犹如一道天然的屏风，守护着这片曾经的佛教圣地，也守护着石窟里恬静的佛像。

终于置身于雄伟的明乌达格山，举目远眺，克孜尔千佛洞尽入眼帘，悬崖之上一个个石窟层层相叠，鳞次栉比，气势

▲克孜尔千佛洞立碑

恢宏。让人不得不对古人这种大手笔顿发惊叹。

据当地专家介绍，克孜尔千佛洞可不是一天修成的，从公元3世纪到13世纪，这里的建造一直在持续，一共236个佛洞，现存的壁画画面约有一万平方米，是新疆最大的佛教文化遗址。而在两千多年前，这里是雅利安人所建立的古龟兹国所在地，也是佛教传入中国的第一站。古龟兹国共存在了一千多年，幅员辽阔，居民复杂，有月氏、乌孙、匈奴、突厥和汉人，在漫长的历史长河之中，他们融合成为龟兹人，有了自己的语言和文化，但在14世纪被回鹘所灭。

时代见证者

克孜尔千佛洞修造的年代起始于东汉，结束于唐末，历代的龟兹王对于这项工程都极为重视。唐代高僧玄奘赴印度取经时路过这里，所著的《大唐西域记》还特别描述了当地的风俗。从公元1世纪东汉明帝时期开始，佛教经由丝绸之路传入新疆，到公元13世纪伊斯兰教代替了佛教，佛教在新疆兴盛了一千多年。古龟兹国修建的庙宇规模都非常宏大，可见当时人们对佛教的推崇，无数的能工巧匠和著名画师来到这里，建造了克孜尔千佛洞。

古龟兹国的艺术家们在这里书写着鸿篇巨制，记录着从公元3世纪以来的新疆历史生活图景，为研究古代新疆的政治、经济、文化、民俗，以及中西经济文化交流提供了宝贵资料，既有科学价值，也有艺术价值。然而，它们的命运却充满了坎坷。

位于文管所北侧半山腰上的76号洞，被称为“孔雀洞”。这里高大的石窟中曾经描绘了众多的孔雀图，但是现在你若沿着陡峭的盘山小路向上攀爬，大汗淋漓地走到洞口，却会大失所望，

▲克孜尔千佛洞的壁画的题材主要是佛传、飞天、姻缘和本生故事等，也有大量民间习俗画，整体色彩鲜艳，人物灵活逼真。

因为石窟里的立塑已经坍塌，四壁的孔雀画也都伤痕累累，疮痍满目。从残存于洞顶的几幅孔雀图中，可以窥见它们一个个翎羽艳丽，栩栩如生，仿佛稍微有所惊动，就会振翅飞走。久久凝视这些精美而又狼藉不堪的孔雀壁画，让人心痛不已。因为这些浸透着龟兹人血汗的惊世之作，在苦难深重的时代，被很多外国考古学家和探险家窃取，甚至在被“取”走的同时，还被施加了丧心病狂的破坏。在千佛洞，他们不仅盗走了众多塑像，还用胶布粘走了大量壁画。据说，20世纪30年代初，德国人从这里盗走的壁画、塑像以及其他艺术品、手抄、印刷的文书多达上百箱。

当你站在鸠摩罗什塑像前，看到他俯身沉思，似乎是在缅怀曾经的岁月，对这座宝库的仰慕与疼惜会更多上一分。在正午时分，人声嘈杂，人流源源不断，但没有人可以打扰得了鸠摩罗什的静默，他的静默是向下的，他的姿态也是向下的，他的目光是向下的，他的神情似乎是在亲善地微笑，神思又似乎已经飞跃了那些石窟和经文，飞跃了那些土黄色的山包，抛弃了伤痛，去到了一个极乐世界。

会讲故事的墙

克孜尔千佛洞作为中国最早的石窟群，正是在佛教风靡古龟兹国的时候建造的，虽然开始的时候规模并不大，但随着历代龟兹王的不懈努力，终于建成了今天这样复杂而又完美、浑然一体的古建筑体系。这些井然有序的洞窟，包括供养佛像做礼拜的支提窟，僧尼静修或者讲学用的精舍毗河罗窟，僧尼起居用的寮房，还有埋葬骨灰用的罗汉窟。这样完整的建筑体系，是世界上其他佛

> “这里掩藏着一杯**历史的陈酿**，
> 天衣飞扬，满壁风动，
> 天女们或腾空而起如御风行驶，
> 或脚尖着地如陀螺转动，
> **舞姿优美**，柔若无骨，如入浪漫之境。”

▲游客在克孜尔千佛洞中

教中心所罕见的，而它那精美绝伦的壁画，更令世人为之震惊。

一万平方米的壁画，是克孜尔千佛洞最让人惊叹的文化遗产，有人认为这里是仅次于敦煌壁画的艺术宝库，是中国的第二个敦煌。这里的壁画不仅包括飞天、伎乐天、佛塔、罗汉、菩萨、天龙八部、佛本生故事、佛传故事、经变图画，还有大量的民间习俗画，人们可以通过克孜尔千佛洞里的壁画，看到古代的新疆人是如何生活、生产，穿越时空看到当时的山水、飞禽、走兽以及龟兹人的生活。

沿着长长的木梯子，登上大约十层楼高的栈道，你就可以进入壁画之冠的克孜尔17号洞。这个洞窟中等大小，呈长方形，分为前后两室。前室的正壁上凿着一个佛龛，佛龛的左右各有一个甬道通向后室。石窟之中的四壁、屋顶、甬道和龛楣上都布满了色彩艳丽的壁画。其中有一幅壁画尤其引人注目，画的是一头载满了货物的骆驼昂首而立，双眼望着远方。骆驼前方的两个脚夫头戴着尖顶小帽，脚蹬深腰皮靴，身穿对襟无领长衫，满脸须髯。他们也和骆驼一样面向前方，正在振臂高呼。是什么

让他们如此兴奋呢？原来在脚夫前面还有一个人，只是他的神态与众不同，双目微闭，神态自若，高举着正在熊熊燃烧的双手，指明了骆驼队要前进的方向。

这个壁画所描绘的是佛教之中的经典故事，“菩萨白毡缚臂，苏油灌之，点燃引路”。佛本生故事在这里留下了深刻印记，而它除了传递教义之外，还能看出丝绸之路上骆驼商队和佛教僧尼之间的密切关系，商贾、脚夫都需要僧尼为他们祈求平安，僧尼则需要商队的货物与施舍。而骆驼商队也愿意与僧尼结伴而行，西去印度，或者东去长安、洛阳。

在克孜尔千佛洞壁画之中，最让人赞叹的佛本生故事画都和敦煌壁画有所不同。敦煌的千佛洞之中，描绘了释迦牟尼佛前世苦难苦行、积善积德的故事，大多采用了连环画的形式，用多个场景展开故事情节。而克孜尔千佛洞的壁画却别具一格，画师用卓越的绘画技巧，将一个复杂的故事巧妙地描绘在一个菱形的画面之中。例如克孜尔千佛洞中所描绘的猕猴王本生故事，所讲述的是释迦牟尼佛前世为猕猴王的时候爱护群猴，最后舍生救群猴的故事。

在画面上，奔逃的群猴面临深涧，而追捕的猎人已经引箭待发。猕猴王用前后脚攀住了山涧两岸的树干，以身为桥，引渡群猴，它身上的猴子有的奋力奔驰，有的精疲力竭，有的焦急地顾盼着稚弱的小猴子。通过画面，你可以深切地感受到猕猴王舍生忘死、为了群猴不顾自身安危的拳拳之心。

佛本生故事画不仅是克孜尔千佛洞的精华，数量上也远远超过了云冈、敦煌、龙门三处石窟的总和。此外，这里的壁画还有一绝，它不是画在涂白的墙壁上，而是直接在泥壁上作画。颜料采用有覆盖力的矿物及透明原料，着色的方法除了平涂与烘染，还利用水分在泥壁上进行晕散。这种独具风格的湿画法，也称之为凹凸画法，史学界已经认定为龟兹人的独创，是绚丽的石窟壁画之中最鲜艳的一笔。

专题

历史风烟里的古国

LiShifengyandi deguguo

楼兰古国

对一个探险旅游者来说，新疆有一处地方是充满吸引力的，这个地方就是西域古国楼兰。

古楼兰位于新疆罗布泊西岸，是新疆最荒凉的地区之一。这里悠久的历史、天方夜谭似的传说故事非常令人神往；它神秘地在地球上消失，又意外地出现，引起许多人的兴趣。许多中外游人和探险家都不辞辛劳地沿着丝绸

而不知什么年代，这个繁荣的重镇神秘地消失了。

1900年3月的一天，瑞典探险家斯文·赫定沿塔里木河向东，到达孔雀河下游，想寻找行踪不定的罗布泊。3月27日，探险队到达了一个土岗。令人难以置信的一幕发生了，一座古城出现在他们的眼前：有城墙，有街道，有房屋，甚至还有烽火台。斯文·赫

定在这里发掘了大量文物，包括钱币、丝织品、粮食、陶器、36张写有汉字的纸片、120片竹简和几支毛笔……经鉴定，这座古城正是赫赫有名的古国楼兰，整个世界震惊了，随后，许多国家的探险队随之而来。经历史学家和文物学家长期不懈的努力，楼兰古国神秘的面纱被掀开了一角。

据推测，楼兰古城衰败于干旱、缺水，生态恶化，上游河水被截断后改道，人们不得不离开楼兰。但也有人认为楼兰被生物入侵打败。一种从两河流域传入的蝼蛄，在楼兰没有天敌，还能以楼兰地区的白膏泥土为食。它们成群结队进入居民屋中，人们无法消灭它们，只得弃城而去。

在楼兰古城，曾发现了一片墓地，墓中出土有一具中年女性干尸，体肤指甲保存完好。她有一张瘦削的脸、尖尖的鼻子、深凹的眼眶、褐色的头发。她身上裹一块羊毛织的毯子，胸前毯边用削尖的树枝别住，下身裹一块羊皮，脚上穿一双翻毛皮制的鞋子，头上戴毡帽，帽上还插了两支雁翎，被世人称为“楼兰美女”。经鉴定，这是一具距今三千八百多年的古尸。她是谁?她为什么会在这荒无人烟的地方?仍是考古界之谜。

龟兹古城

这是一座引人遐想的古城，既有壮美的自然风光和古迹遗存，也有着迷人的乐舞文化。无论是从哪一个方面，它都在讲述着这座历史名城曾经的辉煌。

龟兹，西域三十六国之中最大的城邦，早在东汉时期，这里就已经是西域都护府所在地，唐代改为安西都护府，一直管辖着西域地区的政治、经济和文化的发展。

在《后汉书·西域传》中曾经有记载：驰命走驿，不绝于时月；商胡贩客，日款于塞下。这就是对当时古龟兹国最真实的描述。当年，来自东方和西方的商贾驼队在这里停留、交易，美食、音乐、宗教和丝绸都在这里碰撞交流，龟兹就像是一个开放的大都会。如今，时过境迁，千年古城成了一片废墟，人们只能从几堵残存的土坯古城墙之中，辨认当年城郭的规模，除此之外别无可寻之迹。偌大的土城墙中，只有纯朴的维吾尔族民居，以及绿色的清真寺。

古龟兹国地处丝绸之路的要冲，是东西方文明的交汇地，在多文化交融下，形成了独特的龟兹文化，成为西域文化的代表。佛教为龟兹国创造了灿烂的文明，龟兹石窟和风靡汉唐的龟兹乐舞，更是一度为其赢得了“西域佛都”的“西域乐都”的称号。这个以库车绿洲为中心的龟兹古国，在11世纪末归附于喀什噶尔汗之后，才开始皈依伊斯兰教，直到乾隆年间重归中国版图，才定名为库车。

作为西域著名的佛都，龟兹遗存给后人的苏巴什佛寺遗址、克孜尔千佛洞、库鲁吐拉千佛洞、森木赛姆千佛洞，在经历一千多年时光的洗礼之后，虽然已经面目全非，但却依旧掩盖不住盛世佛光巅峰时代的规模与艺术水准。这无与伦比的佛教艺术瑰宝，是世界的财富。

尼雅古城

20世纪初，英国探险家斯坦因在新疆塔克拉玛干大沙漠边缘的尼雅地区，发现了一个古城。

尼雅古城的遗址规模庞大，南北长达26千米，东西宽约7千米，很多城墙、房舍、街道、佛塔的轮廓依旧保存完好，其磅礴的气势，堪比著名的古罗马庞贝城。而更让人惊讶的是，这里出土了大量的珍贵文物，其中还有很多书写着奇怪符号的木简。

经过专家考证，尼雅古城发掘出来的奇怪木简，上面的文字叫作佉卢文。这种文字起源于公元前4世纪印度西北部，公元前3世纪印度孔雀王朝的阿育王就使用这种文字，公元2～4世纪，佉卢文曾经流行于新疆楼兰、和田一带。但是随着印度贵霜王朝的灭亡，佉卢文也消失了，至今已经绝迹1600余年。那些木简上究竟写的是什么呢?

经过解读木简上的佉卢文，人们发现上面的内容也许和尼雅古城的消亡有直接的关系。上面的文字多是各种命令，譬如：“有来自某国人进攻的危险，军队必须上战场，不管还剩下多少士兵！”也有的是说：“现有人带来关于某国人进攻的重要情报”“某国人的威胁让人担忧，我们将对城内居民进行清查”。这些文字字体弯曲，没有标点，字之间没有间隔，读起来很困难。从只言片语之中，我们可以猜测到尼雅王国受到了战争的威胁，几乎无力抵抗，只能忐忑等待最终的命运，而尼雅的消失也许就是与这可怕的战争有关。人们推测，公元2～3世纪，中原地区处于东汉末年和三国两晋的纷乱之中，无暇他顾，致使西域诸多实力强大的王国没有顾忌，掀起了兼并弱小的战争。

另有一种说法是，尼雅的消亡是尼雅人自己造成的。从遗址和文物可以看出，当时的尼雅盛极一时，清澈的尼雅河从城郊流过，大小湖泊星罗棋布，周边林木茂密，加上位于丝绸之路的必经之地，东西方文明在这里交流碰撞，自然环境和人类文明共同造就了尼雅的辉煌。而尼雅人人口增加，粗放生产和大肆砍伐之下，水源枯竭，塔克拉玛干大沙漠失去了树木的阻挡，在尼雅城肆虐，最终将它吞噬。

Chapter 3

一路向西，丝绸之路上的回响

Hetian

美玉之都和田，风情汇聚的辉煌之旅

和田是一个充满了矛盾的地方。在它的面前，是被称为死亡之海的世界第二大沙漠——塔克拉玛干沙漠；而在它的身后，则是陡峭如同刀削的昆仑山脉。处在沙漠与巨山的夹缝中，和田看上去应是一个人类无法涉足的地方。

可是在肆虐的沙海风暴中，和田却欣欣向荣，到处都有让人惊叹的美景、美食和美人。人们用顽强的坚守和奋力的拼争，打造出了一座美玉之都。

危崖之上的绝美

在新疆南部，和田总是与怀古的幽思、生存的危机相伴。从民丰到墨玉，再到最西侧的皮山，绿洲被塔克拉玛干沙漠蚕食的景象处处可见，但佛塔、城垣、寺院、壁画、塑像等古代文化的遗迹，却在绿洲中若隐若现，似乎向人们讲述着这里曾经是水草丰美、阡陌纵横的富饶之地。

事实上，前往和田的道路非常宽阔平整。马路在车的前方延伸，好像一条不见尽头的黑链子，让人觉得车子不能有一点偏轨，否则就要葬身在“死亡之海”。当车辆在逶迤的沙丘中前行，你可以欣赏到平滑、没有植物的沙丘，那种洁净无瑕的自然

“金生丽水，**玉出昆冈**，
每一个软玉般细腻的躯体中，
都住着一个温润的灵魂，
如君子般润泽以温，**仁之方也**。”

▲和田之美，美在其温润细腻的和田玉，美在其纹理精美的地毯，还有那伸向远方的沙漠公路。

美，一样撼动人心。

和田的沙漠公路都是依着沙丘修建，时而顺坡而下，时而逆坡而上，犹如登上了万山之巅。这里的司机都喜欢与人聊天，否则单调的景色会让他们睡着。而这条世界上最长的沙漠公路——塔里木沙漠公路，却是很多外来人眼中难得的美景，路侧是黄色的沙海，枯萎的胡杨像一把把利剑直指晴朗的天空。在强烈的阳光下，这条路似乎可以走向世界的尽头。如果黄昏时分走上塔里木沙漠公路，可能会遇到大风，遇到漫天黄沙随风飞舞的景象。在这种情形下朝着和田前进，你会顿时感觉到这座城市的神秘，就好像一个蒙着面纱的风沙之城，你必须穿越荒漠的遮挡才能抵达。

在新疆，没有人比和田人更爱种树了，虽然这里的树叶总是灰蒙蒙的，但他们照种不误。在和田人家的土地、村舍周围，到处都是树的屏障。在和田县和洛浦县，570年树龄的核桃树王、300年树龄的无花果树王、160年树龄的葡萄王，以及墨玉县其娜民俗风情园1500年树龄的梧桐树王，无一不是和田人爱种树的明证。

据说，和田的姑娘是新疆最美的，和田的地毯也是新疆最有名的，她们的名气都丝毫不让大名鼎鼎的和田玉。和田女孩面容姣好、身材婀娜，崇尚自然之美，她们的眼神熠熠生辉，让人怦然心动。和田地毯丰富美妙的图案和花纹充分体现出大自然的抽象之美，就连海湾富油国的王公贵族们都以得到一块和田地毯为荣。

迷恋玫瑰花海的香气

15世纪维吾尔族诗人鲁提菲曾经写

▲和田的玫瑰园

道："香獐子窃取她秀发的芬芳，在于阗酿成麝香。"如果在别的地方只需要使用眼睛来记录美好，那么到了和田，鼻子的作用同样不能忽视，因为和田是一个有着独特玫瑰香气的城市。

和田人喜欢玫瑰，更迷恋玫瑰的香气。不管是古代于阗时代，还是和阗时期，香味似乎已经渗透到了和田人生活的方方面面。不管是日常的饮食、起居，还是服饰、信仰、艺术，和田人都不能缺少"香"，烤肉之中必不可少的孜然，就是最普遍的香料；而馕和面包之上如果抹上玫瑰花酱、石榴花酱和藿香酱，才能获得和田人的喜爱。日常生活中，和田人还喜欢药茶——将玫瑰、沙枣花、薄荷等具有浓郁香气的植物制作成茶，满足他们对香的追求。

在和田可以闻到很多香气，其中，玫瑰花的香气最浓烈。不管男女，和田人都喜欢用玫瑰香水。在和田旅途中，你总是可以看到玫瑰花海。花海与沙海相呼应，花朵在荒漠中绽放，玫瑰让和田人的生活有了别样的色彩。

玫瑰是从什么时候进入和田，如今已经无据可考，但和田人几乎家家户户都栽种玫瑰，据说在绿洲上有四万亩玫瑰园。到和田市加美路南端，你可以找到和田最大的玫瑰巴扎。走进玫瑰巴扎，各色的玫瑰花在阳光下展示着诱人的色彩，浓郁的花香扑面而来。和内地的人们将玫瑰视为浪漫爱情不

▲和田正在开放的玫瑰花海

▲精心制作的玫瑰花酱

同，和田人眼中的玫瑰就是一朵普通的花儿，它们像大米一样被装进麻袋里出售。几十个妇女席地而坐，地上铺着棉布，她们打开麻袋，细心地从花蒂上取下花瓣，让玫瑰在她们身边堆成小山，然后将花瓣放进机器里制作成玫瑰花酱。鲜艳芬芳的花朵混着砂糖，变成了暗红色的花酱，依旧散发着浓郁的香味。这些玫瑰花酱必须要装进瓶子里，在太阳底下晒上一年，才能够发酵成熟。

难以抗拒的巴扎诱惑

在和田的大街上行走，你会看到很多依旧穿着最传统的维吾尔族服装的人，他们身上的衣服是由和田最传统的艾德莱斯绸制作而成的，色泽艳丽，充满浓郁的民族风情。

在这座城市中，传统与现代之间似乎互相不受干扰，现代不会被传统改变，传统也不会融入现代，这种现象在和田的巴扎中表现得淋漓尽致。

每个星期日，是和田的一个小小节日，因为有规模很大的巴扎，吸引着和田周边村落的所有百姓前往参加。没有了交通规则的牵制，老人牵着小孩，年轻人前呼后拥，甚至还有毛驴间杂在人群之中，好像一条巨龙沿着马路向集市缓慢前行。

来到巴扎，你会深刻地感受到和田的生活气息。嘈杂的声音能将你完全淹

Special达人说

以和田玉为代表的中国玉，可谓是采天地之灵气，凝日月之光华，孕万物之风采。和田玉温润莹洁、异彩纷呈，吸引了古往今来多少人的仰慕与向往，凝聚成一种极具东方色彩的中国玉文化。由于多年的过度开发，如今的和田玉河已经很少出产正宗的籽料，不过你依旧可以在和田玉石一条街上欣赏和购买到很多优质的玉器。

▲穿着艾德莱丝绸起舞的维吾尔族姑娘

没在人群中，牛在哞哞叫，驴子和马也不甘示弱，摊贩在不断吆喝着自己的商品，充满了乡野气息的古老民歌从人群之中传来，尘土的气息和苜蓿的香气、烤肉摊上孜然的味道混合在一起，让人不由自主地开心并沸腾起来。

巴扎是一个看似混乱却自有规律的市场，人们不需要警察，只需要按照约定俗成的规矩，就可以做到乱中有序。来到巴扎的人都自然而然地找到自己需要的物品。虽然看似混乱，但在巴扎上却绝不会迷路，因为集市的人流再多，只要看看身边的摊位在出售什么，你就知道自己的位置了。

在和煦的阳光下，人们闲适自在地穿梭在和田的风情中。在巴扎的食品市场，你可以品尝到维吾尔族特有的风味小吃；在鞋靴市场，你可以买到很多手工制作的具有民族特色的鞋靴和套鞋，感受维吾尔族的足下风情。还有那满目琳琅的丝绸，让人眼花缭乱的传统纺车制作的土布，各种花纹的土陶器皿。各种制作精美的小刀、首饰、乐器，在巴扎上也都非常受欢迎。

巴扎不仅是购物的地方，更是一个欢乐的场合，因为艺人也会出现在巴扎，他们吟唱历史悠久的民歌，歌颂绿洲之中的英雄和清泉旁的少女。这些艺人并不是我们印象之中的表演者，因为你会发现没有任何人敢打断他的表演，当他演唱结束后，人们会虔诚地祈祷。

年轻的男女热衷于逛巴扎，因为在这里可以结识到心仪的人。维吾尔姑娘们穿着艾德莱斯绸，将自己打扮得俏丽

图案精美的和田地毯

▶制作精美的乐器

夺目、光彩照人，成为巴扎中最引人注目的景色。而小伙儿们也都追逐着这些漂亮的姑娘，将欢笑声洒遍四方。

五彩缤纷的工艺品、绚丽的丝绸，图案精美的和田地毯，看得多了之后，你会觉得色彩在眼前爆炸，感到阵阵眩晕。此时，你可以穿越迷宫一样的集市，顺着香气走到美食巴扎去。和田巴扎的羊肉汤远近闻名，远远地你就可以看到一大群人在埋头喝汤了。一口大到惊人的铁锅之中，黄褐色的汤汁被厨师的超大汤勺搅动着。大锅的周围摆着20世纪80年代的长条木板凳，可是大家似乎都不愿意坐在板凳上，和田人都是蹲在板凳上、举着碗喝汤，脸上洋溢着幸福满足的神色。

和田的羊肉非常鲜美，巴扎的羊肉汤更加让人难忘，巴扎后面就有羊肉市场，刚刚宰杀的羊取出羊杂，冲洗一下，就可以下锅了，难怪它的味道那么纯正。喝过羊肉汤后，还有烤肉、馕坑肉、烤全羊，都是不能错过的巴扎美食。和田人似乎非常享受当下，他们辛苦工作得到的钱更愿意花掉，而不是储存。也许正是因为这种及时享乐的人生信条，才让巴扎变得异常热闹。

来到和田的巴扎，空气中浓郁的香料气味，嘈杂而又陌生的语言，还有午后阳光之中飞舞的尘埃，都让你随时联想到童年的阿拉丁神灯的故事。随着人流缓慢前行，用目光去捕捉那些鲜艳、奇异的世界，试着让自己可以真正去感受这个略带一些魔幻色彩的巴扎，你一定会得到难忘的体验。

Xinghuagou

穿越伊犁河谷，骑着天马驰骋杏花沟

在伊犁河谷，有最神奇的地形，大片的荒漠中隐藏着巨大的温润神奇的绿洲。让汉武帝心仪的天马在这里驰骋，人们爱吃的苹果和杏子的祖先也生活在这里，还有那如梦似幻的薰衣草花田，也在这里浪漫开放。更不用说河谷之中飞翔的天鹅，荒漠之中生存的小跳鼠和草兔，天山上静谧藏匿的雪豹、熙熙攘攘的北山羊以及总在夏季出没的棕熊……

❶ 杏花飘落，片片如雪。

❷ 春天时节，杏花开满山谷。远远望去，满山遍野的诗情画意。

❸ 杏花沟里信步闲走的牛

❹ 游人正在欣赏繁华盛开的杏花

世外梦幻杏花林

在这个人人都热衷于刷微博、微信朋友圈的时代，相信你多少都会看到过杏花沟的照片。作为新疆的一大奇景，那缥缈的杏花烟云在翠绿的山腰沟谷中飘洒，一簇簇一丛丛的粉红色杏花蔓延着，看上大气磅礴，却也分外妩媚。被这一美景惊呆的人不在少数，也有不少人因此迷上了新疆。

新疆杏花沟位于伊犁哈萨克自治州新源县吐尔根乡，这个地方便是传说中的伊犁河谷阿吾拉勒山南麓。如果你是从伊宁市出发，需要行车205千米，如果你是从新源县出发，那么只需要32千米就可以抵达。

杏花沟在218国道的附近，得益于伊犁盆地湿润的气候，加上来自天山充沛的雪山融水滋润，这里的原始野杏林从中世纪开始便格外茂密，占地约有3万亩。数千年来，野杏林孤独而又美丽地生长着，生生不息，是新疆野杏林最集中的地方之一。

▲去往杏花沟的道路蜿蜒曲折，汽车留下的车辙一路伸向杏花沟，犹如打开了通往童话世界的大门。

每年的4月份，春天姗姗来迟，这里的气温开始逐渐升高，杏花漫山遍野地盛开了。杏花沟之中的景象似乎还原了陶渊明所描述的那个世外世界：夹岸数百步，中无杂树，芳草鲜美，落英缤纷。一切是那么安然，直到某一天，一位摄影家的到来打破了这里的宁静，杏花沟才为世人所知。

到杏花沟观赏梦幻的春天，需要一定的运气。因为杏花的开放时间和樱花一样短暂，前后只有七天。如果春天的气温回升较快的话，杏花还会提前开放。而大多数时间，都是在清明节前后。那些真正向往梦幻杏花林的人，会千里迢迢地赶到伊犁河谷，

▲ **伊犁天马和昭苏草原**

伊犁天马就像一群追风精灵，在这片温润广袤的草原上自由驰骋。

再赶4小时的路到新源县城，然后一路打听探寻，如愿抵达杏花沟。

想要真正领略杏花沟之美，除了在恰当的季节到来，时间也很关键。你必须在日出之后的1～2个小时抵达，此时按下快门，你会发现杏花林在光影之中妖娆迷人，层次效果达到了最佳。一树树的杏花似乎是在翠绿草皮上燃烧的粉红火焰一样，它们组成的烟霞就像是仙女从天上掉落下来的纱巾，朦胧而有致。

除了运气好、体力充沛之外，欣赏杏花沟之美还需要一份好的心气神。当你徜徉在草地花海之中，偶尔还会看到羊群和牛马漫步于此，闭起眼睛，你会闻到花香，这里的一切都透露着大自然的美，让你忘记一切烦恼。

如果你是春天来到杏花沟，看完了花海，一定很好奇它们花朵落尽，开始结果子的景象如何。可以想象，这么大的一片野生杏林开花的时候都这么繁盛，结果时刻也必然是令人惊艳。很多牧民会告诉你，秋日里的杏花沟是一片金黄和艳红的世界，杏树叶和成熟的野杏互相辉映，景象更加美。

追风精灵伊犁天马

从伊宁出发前往新疆的天马之乡——昭苏，只需要120千米的车程，其间还可以穿越一座险峻的大山——乌孙山。跨过伊犁河大桥，前行不远就可以看到察布查尔锡伯族自治县。察布查尔县位于伊犁河的南岸，当地的锡伯族是乾隆时期为了平息准噶尔叛乱从东北调遣而来的驻防军后裔，这里的人依旧保持着很多古老的生活习俗，过着平静祥和的生活。

沿着察布查尔县城外笔直的公路一直向着乌孙山而去，路两侧山顶上的皑皑白雪就算是盛夏也不会融化，坑洼的碎石路蜿蜒地绕着乌孙山，向前延伸。一边是万丈深渊，一边是融冰堆雪，道路可谓险恶，但在渴望美景的人眼里，这都不算什么。更何况前面不远处的山脚下有辽阔的平原等着你，其间树木最繁茂的地方就是养

育了伊犁天马的昭苏了。

1985年，为了纪念新疆维吾尔自治区成立30周年，中央电视台来到昭苏军马场的喀尔坎特草原，拍摄了一组万马奔腾的气势恢宏镜头。这一场景给全国的观众留下了深刻的印象，在此后的电影、电视之中经常被引用，人们惊叹草原的壮美，更惊叹昭苏天马的健美，奔跑在天际的骏马带来的惊心动魄之美无法用语言和文字来表达。

据说全世界有5800万匹马，而中国就拥有800万匹，其中生活在伊犁的有36万匹。这一数据证明了伊犁河谷湿润的气候多么适合天马生活。5200万亩广袤肥沃的天然草原，为培育优良的伊犁天马奠定了良好基础。

走在昭苏草原上，你能时刻感受到造物主是多么钟爱这片土地。柔软而富有弹性的草地，缓坡上野花繁盛，各种明黄、粉红、浅绿、浅紫的花朵盛开着，由远及近地过渡的色彩显得极为和谐。云朵从缝隙之中漏下一些金色的阳光，将绿草染得更加青翠，草原的翠绿和天空的灰绿色之间会形成一种震撼人心的反差。

在天空和草原的衔接处，牧人举着鞭子唱着歌，洁白的羊群悠然地咀嚼着青草，棕黄或者黑色的马儿嬉戏奔跑，黑色的雄鹰也在展翅翱翔……昭苏草原上的一切似乎都充满了无限的生命力，就算是忽然大雨倾盆，冲刷着大地，草原上的绿草和动物们也都会欢呼雀跃地融入其中，跟着风的指挥、雨的节奏一起演奏出一段醉人的旋律。

欣赏伊犁天马的奔驰姿态无疑是最激动人心的事情。这里的人们早在两千七百多年前就开始驯养马匹，西汉时期的古乌孙国就曾经为出使西域的张骞献上良马。汉武帝见到乌孙所献之马非常惊叹，并赐名为“天马”，还为它赋诗：“天马来兮从西极，经万里兮归有德。”当时的乌孙马就是现在伊犁天马的祖先。

如今的伊犁天马是以哈萨克马为母本，与苏联顿河马、奥尔洛夫马、布琼尼等优良马种进行融合，经过几十年的精心培育而成的我国特有的优良马种。剽悍的成年伊犁天马的体高都在1.5米以上，体格高大，四肢强健，耐力持久，速度很快，奔跑1000米只需要70秒。

▲梦幻般美丽的昭苏草原

盛夏时节，这里绿水青山，油菜花盛开，薰衣草芳香，气候凉爽，是去新疆的必选之地。

Special达人说

伊犁有三香：伊力特、薰衣草和稻米。其中伊力特是当地白酒的代表品牌。伊犁酒是指伊犁河谷出产的白酒，其中高端品牌伊力特和中低端品牌肖尔布拉克一样有名。这里的白酒传承纯真本色的酿造精神，形成了特有的甘甜醇香口感，让人在不知不觉之中感受到伊犁河谷的豪迈。

赫赫有名的天马在草原上奔驰，马背上的牧马人显得那么豪迈，当蒙古包上升起了袅袅炊烟，天马和牧马人都回到家中，他们享用着醇香的奶茶、原汁原味的肉食和浓烈的美酒，昭苏草原上的生活充满了幸福的滋味。

神秘浪漫夏塔大峡谷

沿着伊犁河向前，一路上的神奇去处太多太多，伊犁河谷就好像是一个宝库，又如同一张画卷，它的神秘与浪漫已然超越了人们的想象。

离开昭苏草原，还有一个让人神往的地

方，它就是北疆草原之中为数不多的几个柯尔克孜民族乡之一——夏塔乡。当地人原本居住在帕米尔高原，后来因为清廷与准噶尔部连年征战，导致人口凋零，不得不搬迁到夏塔草原。

这里的牧草繁茂，而且非常高，甚至可以没过车轮。风从远处吹来，行走在模糊车辙上的车子迎来了一波波的绿浪，如同一只小船。沿着草地一直走进草原的腹地，天地苍茫之中已经找不到柯尔克孜人祖先生活的夏塔古城，而雄伟的夏塔峡谷却依旧屹立在那里。

沿着草原走进夏塔峡谷，路边的激流飞珠溅玉，两岸的山崖犹如刀劈一般。这里地处偏僻，少有人抵，所以峡谷之中依旧保持了原始的生态，肥硕的旱獭很少见到人类，所以敢大摇大摆地横穿马路，一点都不惧怕生人。林间松鼠似乎也变得呆萌，看到人也不逃走，反而会用亮晶晶的眼睛看着你，似乎在问你从哪里来。

夏塔峡谷的神奇之处在于不同地貌的和谐共处，走进峡谷后不久就可以看到一座冰山跃然于眼前，银鳞玉甲的冰川从白雪皑皑的峰顶直泻而下，在蓝天之下闪烁着幽蓝的光泽，这就是著名的木扎尔特冰达坂。在冰雪之中，隐隐还藏着几条小道，等待着有心人去发现，这些神秘的小道就是曾经闻名中外的夏塔古道了。

全长120千米的夏塔古道是夏塔古国存在的证明，它以眼前的峡谷为起点，翻越了木扎尔特冰达坂，通往南疆的温宿县，是沟通南北疆的重要途径。作为丝绸之路上最险峻的古道，当年玄奘就是通过这条道路翻越天山，抵达南疆。现在古道依旧险峻，人迹罕至，只有一些探险家会来到这里，感受冰川的魅力。

在峡谷之中穿行四个小时后，就可以来到木扎尔特冰川的下端，在这里可以亲身感受到冰川带来的森森寒意。站在冰川下，天地似乎都变得格外安静，只有融雪的流动声和同行者重重的喘息。近在咫尺的雪山披着万古寒冰，默默地注视着脚下的人们，透露出充满洪荒气息的庄严。这一刻，你一定可以感受到朝圣者的心情。

Aletai

阿勒泰秋色，遇见白桦林吟唱的爱情

阿勒泰，在许多人的印象中，是世界上最美丽的地方，可以还原任何童话故事中的美景。

人们总是说阿勒泰的秋天最迷人，不管是喀纳斯，还是可可托海，秋天的阿勒泰就好像盛装一般色彩绚烂，山林之中有深绿、浅黄、深黄、浅红，就如同一曲西伯利亚泰加林的多声部合唱，应和着遥远的雪山冰川，让身处其中的人飘飘欲仙。

阿勒泰的秋天，是风情万种的，水色时而深黛，时而翠蓝，时而浮光跃金，时而青衣玄袍。而晨雾之中的乳白和夜幕之下的漆黑，更加诱发出无数曼妙的想象和奇幻的萌动。

▼阿勒泰迷人的秋色

阿勒泰的秋色是迷人的，高大的白桦林在风中摇摆不停，阵阵林风也抚慰着低头漫步的牛羊。

▲阿勒泰的碧水青山

阿勒泰绚丽的秋色，来自碧水青山，来自松柏草原，各种色彩奇妙交织，催生出一个绝色明艳的阿勒泰。

西北之最的桦林金秋

阿勒泰位于新疆维吾尔自治区最北部，依靠着横跨中、蒙两国的阿尔泰山。在这里，西伯利亚冷杉、欧洲山杨等树种都生长得枝繁叶茂。

金色的桦树林是阿勒泰之秋最迷人的画面，林中的落叶就好像厚厚的地毯，原木小屋的主人虽然不见了，但小屋却点缀了这个秋天。弥漫的雾气滋润了生长在树林之中的蘑菇，五彩的湖水静静地荡漾着，只有几匹自由的马儿在湖边的草地上悠闲地吃草。

白桦林位于哈巴河县城以西5千米，这片长达28千米的树林是我国西北地区面积最大、保护最好的天然白桦林。从阿勒泰山脉流出的哈巴河，静静地滋养着这片白桦林。虽然阿勒泰的禾木草原、可可托海景区都有白桦林，但哈巴河县的白桦林却以独特的美吸引了人们的注意。

5月，白桦林开始泛绿，沉睡半年之久的哈巴河也开始吟唱起来。行走在白桦林之中，有一种柔软而富有弹性的感觉，一望无际的绿色如同翡翠镶嵌在大地上，让白桦林展露出最华丽、最有光泽的一面。在雪山、白云、阳光和白桦树邂逅的地方，牛羊排着队前行，身穿

> “绿的云杉、黄的桦树、红的欧洲山杨，
> 犹如一幅幅浓墨淡彩的油画，
> 姹紫嫣红看遍，
> 原来人间天堂是这副模样。”

民族服饰的人们走过，好像千年来守护白桦林的使者，沉默地守护着这里的宁静。

盛夏时刻的白桦林里到处是一派鸟语花香，空气变得潮湿而香甜，星星点点的毡房飘动着炊烟。当河上的微风吹过来，桦树涌动，就像是一位哈巴河的女儿正在唱那首动人的民歌《美丽的白桦林》，扣人心弦。

阡陌纵横的树林之中，总会出现一条条的水沟，水不太深，长在沟旁的树木根叶相连，在静静的林子里喃喃细语。有些树木久经风霜，相依倒伏在水沟旁边，造就了天然的白桦树小桥，翠绿的叶子在

▲哈巴河湿地自由飞翔的海鸥

秋日里的白桦林

河面上来回拂动，散发出迷人的清香。走过小桥，可以踩在鹅卵石上，来到一处裸露的河床。脚下是淙淙流水，耳畔是白桦树叶的低语，似乎有伤感的手风琴从远处传来，吟唱着："静静的村庄飘着白的雪……"

深秋时的哈巴有着独特的韵味，一座座房顶尖斜的木屋，错落有致，点缀在牲畜栏和干草垛之间。黄透了的白桦林，就好像一群金发少女，娴静地站在那里。这一切在湛蓝的苍穹之下构成了一幅意韵深远的写意画，犹如世外桃源。

站在秋日的山坡之上远眺，一片片葱葱茏茏的山杨、亭亭玉立的白桦、高大挺拔的松树和宝塔一样的云杉，层层叠叠，却也界线分明，将群山点缀成了褐色、黄色、青色和绿色的世界。再加上远处白雪覆顶的山峰兀立，让人如临仙境。

金山银水的梦幻精灵

对于阿勒泰的生态环境，人们总是赞不绝口，天鹅湖的存在让人们惊叹这里的生物种类如此繁多，走过白桦林的时候也许你就已经发现了那里独有的黑啄木鸟，更让人惊奇的是哈巴河居然还有海鸥。

每年的春天，成千上万的海鸥就会不远万里迁徙到祖国最西北角的哈巴河县境内，繁衍生息。这里是精灵们嬉戏的乐园，引来无数人驻足观看。

哈巴河有多少海鸥？据说最开始只有两种，但现在已经有十多种海鸥常年迁徙到这里，数量也从1000只增加到了目前的10万只。10万只海鸥在天空翱翔，没有来过这里的人根本无法想象这是多么壮观。

这里没有海，之所以是海鸥的理想家园，正是因为哈巴河优越的自然环境和当地人们对于野生动物的爱护。在哈巴河县的阿克齐湿地，是我国西北距离城市最近的一块湿地，海鸥们发现了这块宝地之后，就每天和人们朝夕相处。

▲**多彩的阿勒泰**

清浅的哈巴河，黄透了的白桦林，远处的青山，以及飘荡其中的云海，构成了一幅多彩的梦幻图景。

海鸥飞翔图

▲西北第一村的白哈巴村

走进阿克齐湿地，只见美丽的海鸥来回飞舞，时而俯身靠近平静的水面休息，时而用红色的喙小啄一下清甜的溪水，时而又成群地向着远处的天空翱翔。在湿地旁的景观大道上，你会遇到很多海鸥低空飞翔，它们最喜欢飞过人们的头顶，似乎在向远道而来的游人问好。海鸥是一种非常聪明的鸟，它们懂得和人类和谐相处。在阿克齐湿地，成千上万的海鸥在欢快地嬉戏，飞累了就扎到水中去觅食，水边也挤满了休憩的海鸥。因为它们的存在，湿地变得充满活力，也吸引了无数的摄影爱好者来到这里。阿尔泰山和额尔齐斯河造就了哈巴河这片生态宜居之地。作为“中国西部候鸟驿站”，哈巴河唤醒了人们对于鸟类的保护意识。

被称为“中国西北第一村”的白哈巴村，长久以来都保持着古朴淳厚的民族风情。村边唯一的一座高建筑，就是边防驻军的哨所，这也是人们传说中的“西北第一哨”。走进白哈巴村，你会被这里的静谧征服，耳畔是小溪欢快的流水声，小溪的两旁是白桦林，脚下的落叶非常厚实，如同地毯，每走一步似乎都可以惊起很多小虫子四处逃窜。如此近距离地感受到野生丛林的芬芳，对很多人来说都是奇特的体验，让人陶醉。

▲位于戈壁深处的五彩城是上帝挥洒想象力的地方。

不远处看到穿着长裙、戴着头纱的女人，正在挑着铁皮水桶，叮当作响地去河边取水。她们悠然自得地走过河畔，如此宁静，如此美好。伴着河面上升腾的水雾和远处积雪的山峰，这座村庄会成为你此生最想留下的地方。

戈壁深处五彩城

阿勒泰的美是多姿多彩的，当你为了眼前某一处世外桃源而惊叹的时候，有人会告诉你：这还不够，还有更加让人难以抵达却一样让人惊叹的地方等着你去挑战。

当地人传说，戈壁的深处有一座色彩斑斓的五彩城，它才是真正的神秘花园。但就算当地人，也很少有人能找到这座神秘的石头城，因此也让这个地方增添了更多的神秘色彩。

驾车奔驰在戈壁荒原之上，沿着马路一直向前，走着走着就找不到路了，只能看到一些隐约的车辙印，表示这里曾经有人来过。如果你是和当地的向导一起前往五彩城，也需要留意脚下，就算是走过好几次的司机，都有可能迷路。

五彩城距离乌鲁木齐大约210千米，在吉木萨尔县城以北100多千米的古尔班通古特沙漠之中。亿万年前，这片沙漠里沉积了大量的煤层，经过风雨剥蚀之后，煤表面的沙土都被冲蚀殆尽，再经过暴晒、雷击之后，煤层也燃烧完了。燃烧之后的煤层留下的结岩堆积在一起，加上各个地质时期的矿物含量一直变化，让这一带连绵的山丘呈现出褐红色为主，夹杂着黑、白、黄、绿等多种颜色的独特色彩。在风吹、日晒、雨剥之后，更是展示出了让人惊叹不已的造型。

五彩城位于戈壁深处，有熟悉的向导，你前往此处可以节省不少的时间和力气。当晚霞覆盖了这片神奇的彩色土地，你看到火烧一般的云彩接天连地，由深红色、黄色、橙色、绿色、青灰色等不同颜色的泥土、页岩层组成的丘陵，就好像一幅画一样展开了。

回头望，身后的天空湛蓝如水，再看眼前，似乎天地都被渲染成了一个调色盘。远处的戈壁和眼前的五彩城浑然一体，奇特的地貌犹如凝固的流水一样，充满了灵动的线条感。

安静、祥和、静谧，阿勒泰的美是磅礴大气的，也是需要耐心品味的，这里的神奇幻境需要你亲自看到，才能感受到那人间仙境般的奇观，才能真正领悟到新疆的文化精髓。

Kashi

中亚名城喀什，

豪迈撩人古城新韵

在南疆，喀什噶尔是最让人骄傲的存在。

作为古丝绸之路重镇，这里一边连着沙漠戈壁，一边接着帕米尔高原和喀喇昆仑山。地处欧亚大陆腹地，山麓托起了一片四季分明、冬短夏长，而且夏无酷暑、冬无严寒的美妙之地。世人都说江南好，塞外的喀什噶尔更胜江南。

不到巴扎，等于没来喀什

喀什，这座南疆第一大城市，是蜚声海外的“丝绸之路”通向中亚、南亚、西亚以及欧洲的商业口岸。在史学家眼中，喀什是中国最早的国际性商业城市之一。

“巴扎”在波斯语之中是“商业繁荣区域”的意思。新疆的城乡有很多大大小小的巴扎，其中喀什与和田的巴扎最有名，甚至有人说：没来过喀什的巴扎，就等于没到过喀什。

◀**艾提尕尔清真寺**

艾提尕尔清真寺大门用黄砖砌筑，白石膏勾缝，看上去线条清晰，非常醒目。它不仅是新疆规模最大的清真寺，也是全国规模最大的清真寺之一，有着浓郁民族风格和宗教色彩。

“鹅黄色建筑巍然屹立，
两侧宣礼塔弧形柔和静美，
寺院广播播放着宣礼的唱经声，
悠远空灵中盛放着一个个安静的灵魂。”

每到礼拜天，喀什巴扎就会热热闹闹地开始。天还没亮，但是通往巴扎的大路上，驴车、马车、三轮车、中巴车就已经一辆接着一辆，挤成了一条没有尽头的河。无序的人流之中，个个都在喊着“朴什”“朴什”，那是维语“劳驾让一让”的意思，此时你就能体会到为什么叫作“赶”集。

进入巴扎区，才算是大开眼界，这里几乎应有尽有。有衣服鞋帽、围巾袜子，也有丝绸、棉布，甚至奇珍异兽的皮毛。阿克苏的大米、伊犁的马、阿图什的无花果、英吉沙小刀，还有巴基斯坦的金丝头巾、阿拉伯的宝石，天南海北的货物都在这里出售，让人眼花缭乱。

喀什的巴扎最有意思的是牲畜大巴扎。在这里，羊的头被套住，一左一右交叉起来，大大小小的身子挤来挤去，大尾巴羊独有的肥硕屁股让队伍喜感十足。骆驼都曲折四腿，肚皮贴着地，嘴里慢慢咀嚼着，还不停眨动沉重的眼皮。卖马的骑着马来回展示着，吸引买主；卖驴的将驴子一排排地拴在车后，

▲新疆特有的乐器

◀烤馕以其独特的制作方式和风味及其所蕴含的意义，成为新疆文化的一个重要符号。

撒上一点草料，买主在身后评头论足。如果有人看中了哪头牲畜，卖主就会伸出胳膊使劲地挽住驴马的脖颈，扳开它们的牙口给对方看个仔细。如果双方都有意了，会握手在袖筒里讨价还价。这种有趣的交易方式，已历经了几百年，人们用这种方式来避免伤害彼此的面子，最后达成一个大家都满意的价格。

巴扎不仅是商品的集散地，更是美食汇聚的地方。烤馕、抓饭、烤包子、薄皮包子、烤羊肉、马奶酒等，应有尽有。特别是烤肉串，喀什的小贩将大枣一般大小的肉块串在签子上，一边烤一边撒上细盐和孜然，还有一层辣椒末，那油黄色的肉串和鲜红的辣椒末、绿色的孜然一起，诱惑力十足。

喀拉库里湖，喀什的纯情一面

喀什的郊区被天地宠爱。光是位于帕米尔高原之上的不冻湖卡拉库里湖就足以令人神往。

▲新疆特有的美食烤馕

穿过盖孜大峡谷，沿着高坡一路前进，白色的毡房、石砌的屋舍和羊圈顺着山坡的走势铺展开来，一泓长湖就在雪山脚下涌动着。

卡拉库里湖是那么清澈，更难得的是它巨大的水面延伸到雪山脚下，而雪山似乎也承受不了这样的热情，幻化出另一个自己一头扎进湖里，与湖融为一体。

卡拉库里湖是一座双湖，而且是一个变色湖。清晨，天边一抹霞光投影在湖水中，已然非常绚烂了。等到太阳升起，明镜一样的湖面又将皑皑

喀拉库里湖中的倒影

白雪和悠悠白云揽入怀中，丰盈自己的容颜，更增添了湖水的魅力。如果运气不好，赶上天空阴云密布，也不用沮丧，卡拉库里湖会变得深邃幽冥，如同深海一样黑得让人感到恐怖。此时你才明白为什么它的名字叫作卡拉库里，因为在维语里“卡拉库里”的意思就是“黑水湖”。

慕士塔格峰、公格尔峰、公格尔九别峰，这三座雪山海拔都在7000米以上，分别是昆仑山的最高峰和次高峰，它们与卡拉库里湖相映生辉，增添了湖水的颜值。站在湖畔远望，它们就好像从天而降的三名勇士一样魁伟。

雪山丽水相映照，让人忍不住停下脚步。柯尔克孜族的牧场里绿草如茵，水鸟在自在觅食，这样的卡拉库里湖就像是一个婉约的少女，让你感受到喀什安静迷人的另一面。

喀什是一个令人如此着迷的城市，这里的人们热情好客、乐善好施，让你时刻感受到信仰的力量。这座城市就好像一个美丽的维吾尔少女，让人心灵为之悸动；从她纯净的眼眸中，你可以读到友善和真诚。看遍了这里的美好，让我们收拾行囊，向着醉人的喀什道一声“霍兮”（再见）！

Akesu

白水之城阿克苏，穿越神秘大峡谷

在维吾尔语之中，“阿克苏”的意思是“白色的水”，这也让这座迷人的小城有了“白水之城”的美誉。

有水必然有河，阿克苏就有一条从城郊流过的阿克苏河，这条河流之中含有大量白色的矿物质。河水潺潺似乎是在向人们讲述着它的过往历史。

作为丝绸古道上的塞外小城，阿克苏自古就被称为“瓜果之乡”，就像一颗明珠镶嵌在塔克拉玛干大沙漠的边缘。

它一路风尘，从历史之中走来，捧着一杯老酒；而它又有着那么年轻的容颜，绽放着新时代的光辉。

神奇天山神木园

远眺天山山脉，雄伟苍茫，横贯东西，坐落在天山脚下的阿克苏，拥有着天山所赐予的诸多资源。这其中，最为著名的当数让阿克苏人引以为傲、让全世界都惊艳的天山神木园。

天山神木园位于阿克苏地区温宿县境内。温宿县北海拔7400多米高的托木尔峰作为天山的主峰，像是一位高贵的天神，在诸多白头山的簇拥之下，高踞群山之上，终年白雪皑皑，其上的悬崖峭壁就像被人挥舞着倚天剑劈出来的一样。而天山神木园，就是依靠着这些巍峨的雪山，得天地之灵气、日月之精华，在托木尔峰的怀抱之中，孕育出了令人称奇的奇特风光。

从阿克苏温宿县出发，一路向西，穿过碧绿的稻田和遮天蔽日的林荫大道，大约70千米之后，眼前的景象就会变成一片荒漠原野。只见干燥的戈壁滩上，星星点点的麻黄草、骆驼刺等低矮耐旱植物在这近似生命禁区的地方顽强地生存着。但是，随着车子转过几个弯道，并且越爬越高，就可以看到十多千米之外黄褐色的山包下，影影绰绰地显出一团团的绿色——那就是闻名遐迩的天山神木园。

神木园之所以如此奇特，首先在于它的地理构造。在这样干旱、几乎没有植被的戈壁，一千多亩参天大树、茵茵绿草冒了出来，而且还有泉水滋养着一片绿洲，让人由衷惊叹！既然名为神木园，除了独特的地理构造，更加不可思议的便是其中奇木成林。这里的树木种类丰富，山柳、箭杨、野杏、核桃、桑树、白腊、榆树、沙枣，一排排都已经扎根于此成百上千年。沿着树林里木质的栈道拾级而上，两旁古木悠悠，眼前芳草萋萋，耳中泉水淙淙，更兼有鸟语花香，让人恍如置身仙境。

这里的老树姿态怪异，原始深邃，纵横交错的树枝犹如蛟龙出海，又像是猛虎下山，它们或挺拔高耸，或曲折盘旋，姿态万千。

神木园之中大部分古树的树龄都在千年左右，其中树龄800年的箭杨高达90多米，就像是一尊无比巨大的绿色柱子，直插湛蓝的苍穹。有一些古杨虽然根部已经腐朽，树干已经倒地，但树冠却依旧生机勃勃。大自然的神奇在神木园之中得到了淋漓尽致的体现。

Special达人说

阿克苏的最佳旅游时间是9月到10月，因为这里的气候属于温带大陆气候，是全国太阳辐射量较多的地区之一，光热资源丰富，昼夜温差较大。冬日里的阿克苏是干冷，而夏日里则是干热。在炎炎夏日来到阿克苏，就算是涂上厚厚的防晒霜，强烈的光照和紫外线也会给你留下古铜色的肤色。而冬日里来到阿克苏，雪景固然让人震撼，但干冷的天气一般人也承受不了。

▲经过岁月的洗礼，苏巴什佛寺只剩下了一些遗迹。

古树如此之多，姿态又各具特色，阿克苏人根据这些神木园居民的特点，为它们起了诸多好听的名字。“腊榆双飞”说的是一株小叶白腊和一株榆树，它们的躯干经过了千年生长之后紧紧地缠绕在一起，人们认为它们可以代表民族团结。“幸福门”指的是一株倒地的山柳，它一头是老根，一头是新枝，枝叶茂盛，躯干占地一亩多，巨大的山柳身躯之下，形成了一个拱门，足以容一个成人走过，人们认为走过这个“幸福门”就可以获得幸福。“马头树”说的是神木园西南角的雁留亭边的杨树，这棵树树干离地1米多的地方裂开了一个大口子，一截横枝的残杈像一个马头似的从这里探出，远远一看，口、鼻、眼俱全，周围还渗出了一圈血液一样的树汁。当地人认为这是唐三藏取经路过天山时，白龙马留下的痕迹。除了这些，“鹰嘴树”“卧龙”“狼头树”等一系列杰作，都让人们赞叹神木园的鬼斧神工。

历史脚印：苏巴什佛寺

阿克苏河的河水滋养着这个城市，复杂的自然环境必然会孕育出令人惊叹的人文成就。

从库车县城出发，沿着林荫道一直向北，经过村庄和田野，不久之后就进入戈壁滩。眼界豁然开朗，扬起的浮尘也滚滚而来。却勒塔格山麓的苏巴什佛寺遗址就近在眼前了。

这座佛寺遗址距库车县城有20千米，位于库车河东西两岸的冲击台地上，是魏晋时期修建的佛寺遗址。当年的苏巴什佛寺是阿克苏最繁华的宗教基地，鼎盛时期僧众超过数万人，许多高僧都来这里讲经学法。14世纪，伊斯兰教东渐过程中，佛教式微，苏巴什佛寺也彻底被废弃，如今经过岁月洗礼，只余下一些遗迹。

苏巴什佛寺，古称昭怙厘大寺，分东西两个寺院。两岸的佛寺隔河相望，扼守着山口，北依群山，南眺库车绿洲，地势险要。东寺尚存的佛塔和众多佛龛之中，佛像已无一幸存，只有一座方座圆顶佛塔得到了完好保存。西寺有一座规模较大的佛殿和方形土塔也保存比较完整。

西寺的中部是生活区，从残墙断垣之中，依稀可以辨认出房舍的街道和轮廓。西寺北部，有17个佛洞，其中大部分是禅窟，造型奇特。禅窟之中保存了部分的壁画和古龟兹国的文字。佛塔的周围建筑遗迹很少，但依旧可以辨识出一些雄伟的轮廓，已经塌毁的塔身应该是殿堂，有行道通向主殿，行道口筑造了圆形的拱门楣，主殿的后壁曾绘制过大型的立佛像，如今已模糊不清。

神秘大峡谷

阿克苏得天独厚的地理优势，除了带来甜美的水果，也留下了许多让人惊叹的文明遗存。在天山神秘大峡谷中，自然之美和人类文明之美的融合，为追寻宗教发展轨迹留下了宝贵的印记。

天山神秘大峡谷位于天山山脉南麓，谷中既有奇特险峻的自然景观，也有神秘的佛寺洞窟。亿万年的风吹雨淋、山洪冲刷和地壳变动，造就了这里一系列的奇洞、异石、险峰、悬崖、冰柱，形成了气势恢宏的神奇景观。现在，峡谷中已经发现且被命名的景观就有40多处。

▼天山神秘大峡谷入口处

天山神秘大峡谷由红褐色的巨型山体群组成，当地人们称之为克孜利亚（维吾尔语意为“红色的山崖”），经风雨剥蚀、山洪冲刷而成，是我国罕见的自然风景奇观。

“无山不成谷，峰奇谷更幽，各处峡谷奇峰，如劈地摩天，兼天山奇景之长，蕴万古之灵气，步步有景，举目成趣。”

进入峡谷，刚走没多远，就会被一座山峰挡住。抬头往上看，山峰半腰上似乎还卧着一只“黑犬”。其实那里根本没有任何东西，而是由于山谷光影而形成。但让人不解的是，无论一年四季的上午、下午，那片黑犬形状的光影一直都在，好像一只忠诚的家犬在守护着家园。

前行不远，登上一个小圆台。向右侧半山腰的黑洞望去，里面似乎影影绰绰有个白色的影子。据说光线越强的时候，那个影像会越清晰。用望远镜再看，似乎可以看到一个身穿白裙的少女正在婆娑起舞，这个现象也引人遐想。

大峡谷之中最神秘的地方就是阿艾石窟一带了，这个石窟之下有一条支谷，两条峡谷在这里汇聚。据说每到夜深人静的时候，谷内就会传来许多脚步声、狗叫声，甚至还有人说话的声音，让人毛骨悚然。这些声音究竟从何而来，无人得知。有关专家对此做出了解释，他们认为山谷之中地形复杂，在风力和温差等因素的作用下，形成了多变的气流，让这里出现了一些神秘的自然现象。

沿着峡谷越往前，看到的神秘景点也就越多。有些地方两侧的悬崖紧靠着，抬头仰望只能看到一线天或月牙状的天，因此得名“一线天”“月牙谷”。还有的地方崖顶弓形紧接，地面却宽阔平坦，就好像一个巨大的锅扣在上面，一侧还有古代两军对垒的堡垒，因此得名“悬天古堡”。在谷中开阔地段，可以看到谷顶天造地设的种种奇观：三仙山上，一大二小的三块岩石，好似三人正在对坐论道；情侣峰头，山峰好似一对柔情蜜意的情侣，正在恩爱缠绵，相依相拥。继续向前，进入峡谷的开阔处，举目仰望，在嶙峋的岩壁之

上，一个佛寺洞窟赫然在目，那便是阿艾石窟。

阿艾石窟位于距离地面30多米的岩壁之上，最初要进入这里需要攀爬软梯。后来修建了石梯，可以让游人沿着绝壁拾级而上。进入洞窟的一瞬间，仿佛穿越到了一千多年前的盛唐时代，彩绘的壁画色泽鲜艳，人物栩栩如生。壁画的色彩以绿、白、浅赭色为主，线条晕染比较淡，和西域著名的克孜尔石窟、库木土拉壁画的风格不尽相同，正是阿艾石窟的独特之处。

在石窟的正中央，是长方形中堂式佛法会图，阿弥陀佛和两侧的观音菩萨、大势至菩萨目正神安，气韵生动。佛法会图周围，还绘有天人、十方诸佛、华盖、阁楼、莲花、仙鹤以及不奏自鸣的乐器与七宝水池平台上的乐舞场面。每一处均造型华美、线条流畅、技法娴熟。

阿艾石窟有的壁画之中有260多个人物，每一个都各具神采。不管是色彩、内容，还是绘画技法都具有明显的盛唐遗风。

走出峡谷，回首望去，烈日的炙烤下，褐红色的山崖就像是大火一样熊熊燃烧。峡谷中清凉宜人，偶尔还会有寒意，而峡谷之外恍如两重天，让人称奇，更加慨叹大自然的神奇伟力。

Tulufan

甜蜜的火焰王国，醉倒在吐鲁番

吐鲁番，光是听到这个名字，就好像让人靠近了一簇热烈的火焰。

这片亚洲腹地的绿洲，有着精美和粗犷的表象，也有着冷静和狂热的内核。

它是全国最低、最热、最干、最甜的地方，也是东西方文化荟萃的丝绸之路的必经之地。那火焰的味道恣意张扬着，穿越戈壁、草地和山谷，你接近它的渴望越强烈，你投身它的勇气也就越强烈。

▼ **维吾尔族少女骑着骆驼**

吐鲁番盆地的光热资源十分丰富，日照时间长，昼夜温差大，骆驼是非常常见的代步工具。

"热极火洲"的红色火焰

吐鲁番是一个具有四千多年历史的古老城市，同时也是中国最干旱的地方。人们对这座城市最深的印象莫过于火焰山了，每到夏季，空气中翻滚着阵阵的热浪，炙热的阳光从空中哗啦啦倾盆而下。吐鲁番的四周都是高山，中间是低洼盆地，是我国海拔最低的地方，特殊的地形致使太阳产生的光热很难散发出去。

每年一百多天的高温天气，最高气温超过45℃，地表温度高达83.3℃，年降水量只有16毫米，而蒸发量却高达3000多毫米。这些数据成就了吐鲁番，让它获得了"火洲"的别称。

唐代诗人岑参曾经写道："暮投交河城，火山赤崔巍。九月尚流汗，炎风吹沙埃。何事阴阳工，不遣雨雪来。"这首诗描写了吐鲁番典型的大陆性干旱荒漠气候，它确实是名副其实的"中国热极"。

火焰山是吐鲁番之热的典型符号，这座山位于吐鲁番盆地的中部，最高处的海拔851米，主峰位于鄯善县连木沁镇西侧12千米处。在维吾尔语之中，火焰山被称为"克孜勒塔格"，意思是"红色的山峰"。

山不在高，有仙则名。火焰山的海拔虽然不高，但却是闻名海内外的一座名山。最著名的"事迹"莫过于古典文化名著《西游记》中第59回所描写的"唐三藏路阻火焰山，孙行者一调芭蕉扇"的故事了。小说之中的火焰山无春无秋，四季皆热，有八百里火焰，附近寸草不生。如果想要越过火焰山，就算是铜头铁身也要被化成汁。唐僧师徒经过一番努力，翻越火焰山的故事在各民族之中广为传播，让火焰山成了天下奇山。

▲盛夏时的火焰山呈现出一种独特的赤褐色，砂岩灼灼闪光，炽热的气流翻滚上升，就像熊熊烈焰，火舌燎天。

事实上，火焰山形成于喜马拉雅造山运动时期，它的北部有海拔5000米以上的天山，终年白雪皑皑。火焰山南侧也有盆地，其中的艾丁湖低于海平面155米。夏日到来的时候，盆地吸收的太阳能久聚不散，加上干燥少雨，气温居高不下，才造就了这样一座火焰山。

来到火焰山脚下，一眼望去，重峦叠嶂，山势交错纵横。红色的山体在阳光直射下，仿佛放射着火焰。远处可以看到山脉绵延，上面看不到一丝一毫的绿色。红色的山体虽然很壮观，但想要攀爬上去却很难。因为天气实在炎热，很多人都只是在路边稍做停留，拍照后就离开。

▲火焰山古堡

▲吐鲁番交河故城

与火焰山的隆起相伴而来的，是吐鲁番盆地南侧绵延不绝的库木塔格沙漠，还有以海洋姿态保留下来的世界第二洼地艾丁湖。一隆起、一倒伏、一凹陷，一赭红、一金黄、一玄白，它们的共生共存，让吐鲁番拥有了最壮观的西部美景。

1989年，景区修造了唐僧取经群塑，形态生动、表情逼真，成为来此观瞻的中外游人必去的观赏点。如今，西天之经已经取回来了，火焰却还在燃烧着。

凝固火焰中流淌的翡翠

吐鲁番作为一个东西方文明交汇地，源源不断地受到各种文化的熏染，丰富的历史遗迹和无数的稀世珍品，是这片土地的无价之宝。

历史上著名的西域大都会高昌故城和保存最完整的城市遗迹交河故城，如今虽然已成为一堆废墟，但依旧富有魅力。阿斯塔纳古墓从幽冥世界重见天日，成为地下博物馆。地上的伊斯兰风格苏公塔耸立在蓝天之下，昭示着这片土地上的各族人民将永远共同热爱和保护自己的家园。柏孜克里克千佛洞和火焰山其他沟里的石窟寺群，让吐鲁番成为中亚地区佛教和佛教经典的最后守护者。

高昌故城位于吐鲁番市东侧40千米处的火焰山脚下，是新疆境内最大的一座历史文化名城。高昌城起源于西汉时期的屯垦戍堡，从开始的军事据点，逐渐发展成为郡县级城市和地方政权的都城。经过漫长的历史时期，1400多年的发展，高昌从高昌壁、独立建国、元朝附庸国，最终逐渐失去了政治经济中心的地位，高昌城从此被毁于战火。

来到高昌故城，如今只能看到保留的城墙遗址。外城、内城和宫城三部分的城墙轮廓呈现出不规则的方形，周长达到5440米，围合面积198公顷。有一半以上的墙体残损严重，墙体普遍存在裂缝，可以看到多次修补的痕迹。

与高昌故城不同，交河作为一个王城来修建，是车师人依靠上苍的眷顾和自己的聪明才智完成的杰作，被称

▲高昌故城可汗堡

▲火焰山高昌故城

为“世界最完美的废墟”。它并没有壁垒森严的城墙，而是凭借着交河所处的天然地理位置与环境，在土崖上挖出了一座城。公元前60年，与匈奴“五争车师”后，汉王朝完全控制了吐鲁番。地处战略要地的交河，居高临下，易守难攻，成为不可替代的军事优势，也让它在此后的1600多年里始终处于兵家相争、战火不断中，制约了城市经济和规模的拓展。

各种宗教并存、交汇和演变，成为时代形体的标识，高昌故城和交河故城的发展轨迹也是时代前进的足印。这里的文物巨宝犹如翡翠一样陈列在吐鲁番这个巨大的西域历史博物馆中，至今依旧放射着千年的光华。

葡萄沟的甜蜜之旅

经过了酷日的炙烤之后，你最渴望的应该便是吐鲁番那香甜沁人的美味水果了。吐鲁番除了火焰山的炎热，田野之中还有葡萄、棉田、瓜地、果园，片片都堆满绿意，规整地平铺在这片土地上。田野附近的村庄里，葡萄架下，晾房上，庭院里，处处都缀满了绿色，那色泽鲜嫩的水果随处可见。这些美味在葡萄沟里汇聚，成为让人流连忘返的天堂。

葡萄沟是葡萄的海洋，这条长8千米、宽2千米的狭长平缓的峡谷，在两侧壁立万仞的崖壁夹持之下，孕育出了茂密层叠的葡萄，绿荫铺地，依山延展。是天上降落人间的奇景。

提起吐鲁番的葡萄，很多人就会想起《吐鲁番的葡萄熟了》那首广为人知的歌曲、藤蔓层叠的葡萄架，以及葡萄架下美丽的维吾尔族姑娘。而这里的潺潺泉水、郁郁葱葱的果树，就像一个沁凉的世外桃源，让人来了便不想走。更不用说还有那形如珠、翠似玉、甜赛蜜的葡萄了。

葡萄沟主要种植白葡萄、马奶子、红葡萄、日加干等数十个品种，由于盆地中气候干燥、炎热，让生长在这里的葡萄含糖量高，甜脆多汁，备受欢迎。这里出产的无核白葡萄颗粒最大、甜味最浓，被称为“葡萄珍品”。

行走在漫山遍野的葡萄园，经常可

“夏日的葡萄沟，犹如一条绵延的绿色丝带，葡萄藤蔓层层叠叠，绿意葱葱，不愧为火洲的‘桃花源’。”

葡萄架下的葡萄沟立碑，碑石上的“葡萄沟”三个鲜红大字，格外引人注目，游人都争先恐后在此照相留念。

以看到一种奇怪的房子，它的墙壁上留着许多小孔，很多人不知道它是做什么的。其实，它就是传说中的晾房，制作葡萄干所特别需要的一种建筑。晾房一般用土块或者砖建造而成，晾房里有很多木架子，葡萄要运到晾房中去晾晒，小孔既可以让它保持通风，又能避免阳光直射，设计非常讲究。一串葡萄挂在架子上，利用空气的流动，水分蒸发掉，过不了多久就成了葡萄干。

火焰山上烈日炎炎，葡萄沟里绿水潺潺。葡萄沟夏季的平均气温比吐鲁番市内低3℃~5℃。这里除了栽种葡萄以外，还有桃、杏、梨、石榴、无花果、桑等，各种花果树木点缀其间，让人目不暇接，如入仙境。而居住在这里的民族也多种多样，维吾尔族、回族、汉族等兄弟民族和谐共居，演绎着古朴的民俗民风。

火洲吐鲁番之所以能够盛产那么丰富的农产品，与这里人民的勤劳分不开，更与他们的智慧分不开。吐鲁番的水源主要依靠北侧的天山、西侧的喀拉乌成山的雪融化供给，但炎热的天气让雪水流出山不久就消失在戈壁砾石之中。古代的吐鲁番人看到这一情况，发

动自己的智慧，利用盆地优势，将这里的深层地下水变成了浅层地下水，有效防止水分剧烈蒸发。规模浩大的坎儿井工程就此开展，这种独特的地下水道，利用地下水利灌溉系统，由竖井、暗渠、明渠、涝坝（蓄水池）四部分组成，为吐鲁番人提供了生存的基础。坎儿井虽然小，但功效却不小，它和长城、大运河齐名，被称为“我国古代三大工程”之一。

“地下运河”“地下长城”，这些美誉对于坎儿井来说都不过分，从18世纪末出现以来，它灌溉了吐鲁番75%的耕地，让沙漠变成了今天的绿洲。曾经，全新疆有1784条坎儿井，其中一千多条都在吐鲁番，全长大约5000千米，其规模之大，让人赞叹。

吐鲁番就如同一个巨大的宝盆，承载着过往的历史，也饱含着今天的幸福。天山上的涓涓清流滋润了干旱的盆地，大风口的五道林木阻隔了肆虐的风沙，葡萄沟里的绿荫代表着人们的甜蜜生活，而维吾尔族人独特的歌舞艺术和民族风情，则将这一切都融会起来，演绎出了属于吐鲁番人的甜蜜生活。

专题

让你懂新疆的7个文化符号

Rangnidongxinjiangde qigewenhuafuhao

一、民族

新疆维吾尔自治区不只是维吾尔族的家园，也是一个多民族的大家庭。在这片辽阔的土地上，有能歌善舞的民族，有马背上的民族，有信仰伊斯兰教的民族，也有从欧洲移民过来的民族，他们世世代代在这里繁衍，以各自不同的生活方式聚居在一起。

根据史书记载，新疆在历史上就是一个多民族共存的地方，汉代的时候，西域地区就已经有了月氏、乌孙、羌人、匈奴和汉人在这里居住。由此可见，汉人也是进入新疆地区最早的民族

之一。当时，汉朝的军队进入西域，屯田驻兵，设立了都护府，大量中原地区的汉人陆续来到新疆，他们或者做官、经商，或者从军、务农，由此开辟了新的家园。在此后的数百年时间里，西域各民族迁徙往来更加频繁，突厥人就是在公元6~8世纪活跃在草原上的古代游牧民族。

现在的新疆，依旧以维吾尔族为主体，与汉族、哈萨克族、回族、蒙古族、柯尔克孜族、锡伯族、塔吉克族、乌孜别克族、满族、达斡尔族、俄罗斯族、塔塔尔族及其他少数民族共同聚居而存，所以来到这里，一定要尊重各民族的不同生活习惯和宗教信仰。

二、宗教

新疆作为古代东西方经济文化交流的主要枢纽，自古以来就是一个多宗教并存的地区，从佛教到伊斯兰教的演化历程，书写着一个又一个伟岸磅礴的精神世界的变化。

佛教是世界三大宗教中最早传入新疆的宗教，也是在新疆流传时间最长、信仰人数最多、社会影响最大的宗教之一。佛教传入新疆的时间众说纷纭，被大多数人认可的是公元前1世纪，佛教从今天的克什米尔丝绸之路南道首先传入新疆于阗，后又沿着丝绸之路南北两道传播到且末、若羌、叶城、阿克苏、吐鲁番等地。

公元4~5世纪，佛教已经成为新疆的主要宗教，佛寺、佛塔林立，僧侣成群，以于阗、龟兹、高昌为代表的西域佛教文化达到鼎盛。公元5~7世纪，由于柔然、突厥等古代游牧民族不断袭扰，各割据政权间的兼并战争频繁发生，新疆社会长期陷入动乱，佛教也走向衰落。

公元10世纪，伊斯兰教传入新疆，随着阿拉伯帝国势力东进，喀拉汗王朝的著名可汗苏礼堂首先皈依伊斯兰教，喀什成了伊斯兰教的传播中心。到15世纪末，经过6个多世纪的发展，伊斯兰教在新疆各地取代了佛教，成为新疆的主要宗教。

三、丝绸之路

2000年前，驼队经过距离海洋最远的一条陆地通道，千辛万苦，把中国的丝绸、瓷器和茶叶带到了欧洲，中国文化也开始走向世界。从这里开始，中国不仅被世人瞩目，连特有的瓷器也成为中国代名词，甚至中国还被称为是最富有的“丝国”，而这条数千里的商道也被欧洲人形象地称之为“丝绸之路”。

丝绸之路，7000多千米的漫漫长道，将近一半的路途在中国境内。东端的河西走廊有汉代四郡的保护，相对安全。西出阳关之后，便是穿越新疆的中段路途，这里要穿越沙漠、绿洲和冰川，直到翻越号称“高原屏障”的葱岭，才算是走出中国范畴。在广袤的新疆境内，丝绸之路分为南北中三支线。主干道沿着塔克拉玛干沙漠北缘，经过楼兰、龟兹到疏勒；南道沿着沙漠的南缘，经于阗到葱岭；而北道则经过伊犁，最终翻越冰川达坂后，到达碎叶。历史上著名的高僧玄奘，就是通过这条艰险之路，最终到达天竺取得真经。

丝路，是欧亚大陆的商道，商人的财富之路，也是东西方经济交融的文化之路。中国由此向世界传播中华文明，也吸纳着西方的元素，自然而然地成为东方最富庶的国家。

四、巴扎

2000年前丝绸之路的开通，不经意之间就让途经的高昌、焉耆、于阗、龟兹、莎车、疏勒等城郭重镇成了驼队的休整驿站，也成了商贾交易货品的集市。这条财富之路与频繁进出的商队，无形之中推动了新疆各地巴扎贸易的发展。

巴扎，是西域特有的名词，意思是“集市”或者“农贸市场”，是人们自由贸易和商品交换的重要场所。在新疆的大小城镇、乡村，随处都可以找到巴扎的影子，其中乌鲁木齐的国际大巴扎、喀什大巴扎、库车巴扎等已经成为著名的巴扎，是新疆旅游必去之地。

喀什作为连接中亚最大的一处中转站，连巴扎都以大而著称。“中西亚国际贸易市场”的规模绝对称得上是新疆乃至中亚地区最大的巴扎，每逢这时，方圆几十里的男女老幼都会穿戴整齐，早早地赶着驴车，坐着拖拉机或摩托车从四面八方涌向这里，人头攒动的巴扎像过节般热闹。

巴扎上的商品繁杂，按照品类形成了不同的交易区，服装巴扎、地毯巴扎、果品巴扎、手工艺品巴扎等。由于环境因素，羊巴扎、柴火巴扎等区域大多设立在大巴扎的边缘地带。

巴扎不仅是新疆民俗文化的舞台，也是人们交流聚会的场所。新疆人的生活离不开巴扎带来的经济回报，也离不开巴扎带给人们的精神收获。

五、麦西来甫

在波斯语里，“麦西来甫”的意思是“聚会、集会”，其悠久的历史可以追溯到古代庆典祭祀活动，还能在新疆古老的佛窟壁画中一睹盛大的欢歌场面，那里保留有历史上麦西来甫的真实场面。

麦西来甫是新疆人的一种生活方式，是维吾尔族人精神的寄托和愉悦的宣泄。在平淡无奇的日子里，积累了万千思绪，总是需要一场淋漓酣畅的歌舞来释放情怀，于是麦西来甫这种传统的民族聚会就诞生了，它不仅有欢乐的情趣，也有深厚的智慧。人们在田间地头、葡萄架下、村头广场或者城市公园欢聚在一起，弹起冬不拉，打起圆手鼓，在音乐的节拍之中尽情地载歌载舞。

不同地区的维吾尔族人会在不同的季节举办麦西来甫，风格也不尽相同，他们举办的每一场聚会都是五花八门。性格开朗的维吾尔族人不仅会因为婚娶、节日、邀请、道歉、祝贺等缘由在村里举办一场热闹的麦西来甫，也会因为春游、青苗等农事活动而举办麦西来甫。除此之外，以地名而来的特色麦西来甫也很多，喀什、阿图什、伊犁、哈密等地，经常会举办大型的麦西来甫。

六、达瓦孜

维吾尔族是一个能歌善舞的民族，他们超强的运动能力也在达瓦孜之中得到了体现。

“达瓦孜”在维吾尔语中是“高空走索”的意思，在新疆维吾尔族，这是一种流传了2000年的古老技艺，这种传统的表演形式最早流行于和田、英吉沙和喀什一带，曾几度兴衰，一直到新中国成立之初，才又在英吉沙县重新崛起，成为最早被列入国家非物质文化遗产名录的少数民族传统体育项目。

为什么维吾尔族人喜欢达瓦孜？据说这种运动来源于一个古老的神话。相传，有一个妖怪总是在天上作孽，呼风唤雨残害百姓，西域人民苦不堪言。有一位勇敢的维吾尔族青年为了拯救深受其害的民众，决心上天与妖怪决斗。这个青年在地上竖起几十米高的长杆，用数十米长的大绳连接杆顶，然后沿着大绳走到了杆顶，与妖怪殊死搏斗。年轻的勇士战胜了妖怪，拯救了黎民百姓。从此，这种极具冒险和挑战精神的民间杂技艺术，也成为新疆人最骄傲的绝技。

流传至今的达瓦孜表演依旧具有浓厚的民族色彩，每一次演出都会在露天举行。人们盯着高空中若有若无的钢索，期盼英雄可以成功。一时间鼓乐响起，欢快的乐曲大多是传统的十二木卡姆音乐，营造出热烈的气氛。头戴花帽的表演者，身穿色彩艳丽的维吾尔族传统服饰，脚蹬软底花靴，在人们热情的簇拥和欢呼声中完成挑战。

七、转场

转场，是逐水草而居的牧民每逢季节交替时在各处牧场之间迁徙游牧的一种生活方式。《中国国家地理》曾经描述转场：几乎像是永恒的约定，每到季节变换，生活在阿尔泰山、天山、帕米尔高原的牧民就开始搬家，他们永远在路上。当农业区的人以某处为固定的家，新疆的牧民却将转场作为本真的生活，并因此形成了仅有新疆才有的行吟诗人般的游牧生活。

随着时代发展，很多牧民跃下马背，过上了定居生活，但依旧有部分牧民追随父辈的足迹，不断寻找水草丰美的地方。他们每次转场，路程不同，长的有百余千米，短的也要一二十千米。每年春秋两季是草原转场总动员的季节，牧民在夏秋草场的时间相对较短，而在冬春草场上的时间大概占去一年的2/3，所以冬春草场也是很多牧民定居点所在地。

如今想要观察牧人转场，秋季转场是最壮观的。从10月份开始，很多高海拔地区就开始下雪，牧民必须在9月底之前把牲畜转移到避风、温暖的冬季牧场。阿尔泰山、天山、帕米尔高原附近的公路上每隔几十米就可以看到赶着牛羊转场的队伍。新时代牧民也为这种迁徙方式融入了现代交通工具，骑着骏马之外，还会驾驶汽车、拖拉机，甚至有利用火车转场的牧民。

有人说，世上路走得最多的是哈萨克族人，世上搬家最勤的是哈萨克族人，哈萨克族人的历史就在转场中谱写。不过，有着转场习俗的民族何止哈萨克族人，新疆草原上的蒙古族人、塔吉克族人，又何尝不是在迁徙中享受草原文化的牧民呢。

Chapter 4

神灵的后花园，那些还未被打扰的美丽

Hemu

白桦林里的浅蓝色村庄，最动人的

禾木童话

▲禾木村

禾木村坐落在一个大河谷中，被称为“神的自留地”，闪着金色光芒的白桦树、原木搭建的小木屋、弥漫在屋顶的袅袅炊烟，无论从哪个角度看过去，都如一幅优美、恬静、色彩斑斓的油画。

◀参天的白桦树

禾木，这个原始而古朴的生态群落，带着大自然的气息，被称之为“最后一片净土”。

边疆极地的古老村庄，以它那混合了传奇与神秘的景致，以它那隐藏了时间隧道和历史深处的自然景观，让人迷醉，让人流连。

禾木河畔的旷世之美

在新疆北部，禾木的存在像明珠一样耀眼夺目。有人说，它是上帝的后花园，这个与蒙古、俄罗斯、哈萨克斯坦三国接壤的地方，被阿尔泰山南坡的禾木河分成了两截，河床中布满了巨石，水流湍急，寒彻碧透的河水和禾木村一样纯洁。终年不息的禾木河奔涌而过，经过布尔津汇入额尔齐斯河，自东南向西北奔流而去，经过哈萨克斯坦的斋桑湖，再向北经过俄罗斯的鄂毕河，注入北冰洋。额尔齐斯河是我国唯一一条流入北冰洋的河流。禾木河是额尔齐斯河的第二大支流，也正是禾木河孕育了禾木的旷世之美。

来到禾木，首先要经过的就是禾木河上那座历经百年喀纳斯冰川融水冲击的禾木桥。这座木桥非常古旧，但却也非常结实，就好像这片土地一样显露出一种敦实无比的可靠感。行走在桥上，甚至有马匹从你的身边奔驰而过。

禾木桥的两岸，长满了参天大树，这些树木被洁净的水汽浸润着，浓郁而又葱茏。跨过桥去，可以看到东岸那一大片的白桦林。作为禾木的代表树种，这里的白桦树极为笔直，一个个好似穿着戎装的战士，正在守卫着自己的村庄。白桦树在不同的季节有不同的美感，而它们的四季变化，也为禾木披上了不同的外衣，让它时而翠绿宜人，时而金黄耀眼。在这个重山阻隔的大河谷之中，高大的白桦树不加修饰地出现在人们眼前，展示着各自的姿态，白皙的树干上那一双双大眼睛正在含情脉脉地打量着每一个走过它身边的人。

秋天，禾木的白桦林是最美的。秋日的斜阳让树林都染上了一片明朗的金黄，不管是树上、地下、空中，放眼望去到处都是一片金黄，踩在上面软软的，沙沙作响。金色的秋天，盘旋在半空之中的雄鹰，散漫地在草丛里觅食的羊，翠绿的草地上打滚的牧童，一切都充满了禾木所特有的诗意，折射出一幅恬静而又色彩斑斓的图卷。坐在这里稍做歇息，你会感觉到尘世离你很远，而你的心离天空很近。

禾木的色彩搭配，不知是何人所为，但会令每一个人惊艳。由于禾木周围的山都不是很高，山上的落叶松、云杉和桦树得到了很好的保护，在晨雾中简直如同童话世界。金秋时节的落叶松是嫩黄色，白桦树则由浅黄、金黄、橘红等颜色渲染着枝叶，而云杉和五叶针松依旧翠绿挺拔，还有那鲜艳夺目的、结着红色果子的树，彼此交织在一起，构成一幅斑斓五彩的锦屏。

Special达人说

不要以为禾木是一个与世隔绝的地方，这里现在也通了电，而且还有一家国际青年旅社。不过这家旅社每年只在5月到10月之间营业。如果你想要更加进一步亲近当地牧民的原生态生活，不妨找一座图瓦木屋住下来，当地人开设的家庭旅社全年都开放，任何时间来，你都能获得热情的接待。

▲**诗意的禾木村**

清晨的第一缕阳光唤醒了这个诗意的村庄，图瓦人的屋顶冒出淡淡的炊烟，牲口棚里的牛羊也开始在围栏中悠闲地散步，迎接新一天的到来。

图瓦人生活

禾木是中国西部硕果仅存的三个图瓦人村落之一，传说图瓦人是由成吉思汗西征时遗留下的部分部队繁衍而来。这个古老的族群和新疆其他地区的少数民族一样，能歌善舞，男人以游牧为生，勇敢强悍，就像是古老的额尔齐斯河一样原始质朴，不需要任何装饰。而图瓦族的女人则经常身穿花色衣裙，头顶扎着花巾，在家中打理着农活和家务。她们永远面带笑容，陪伴着她们的男人，招呼着远方的客人。

生活在禾木的居民，大约有1800人，其中图瓦人有1400多人。在图瓦人脸上，很少看到苦恼的表情，他们似乎永远不知道什么叫苦恼，只是保持着最原始的生活方式，按自己的生存规则尽情享受上天的赐予。他们和滚滚的额尔齐斯河相依为命，共同铸造着古老的文明。

图瓦人家的生活非常简单，他们的居住环境很有自身特色，这也是来到禾木不可或缺的一项体验。来到图瓦人家里，你会发现这里的房子都是用原木垒起来，下面是方形的，顶上是尖顶，房屋通常不太高，也不太在乎朝向，只需要保证正门是在栅栏的中间即可。图瓦人依靠畜牧业为生，所以房子的后面都会有围挡牛羊的栅栏。随着丘陵的起伏，图瓦木屋自在随意地散播在那里，悄然而立，密密匝匝。夜幕来临，猎人

▲信步闲走在禾木村的牛

▲骑马穿梭的图瓦人

▲围栏中低头觅食的马

们回到家中，村落弥漫着袅袅炊烟，奶酒的香味在空气之中久久不肯散去，这份宁静让每一个人都沉醉不已。

图瓦村落之间都有一条蜿蜒的小路，就好像经脉一样将这些村落紧紧地联系在一起。骑着骏马奔驰的图瓦人穿梭在屋前的牧场和无边的原始森林之间，让人随时感受到这些村落所蕴藏的无限生机。

在禾木所能享受的最温馨的时光，莫过于跟着图瓦人一起去岸边，坐在草地上，享用一次午餐。在河岸，可以看到天高地远，可以沐浴凉爽的山风，伴随着哗啦啦流淌的水声，远眺着银色的雪山，再回头看看尖尖的木屋，就算不喝酒，你也会醉倒。

图瓦人的语言属于突厥语系，高高悬挂在尖顶木屋之中的成吉思汗画像，似乎是在告诉你他们没有忘记自己的祖先。但遗憾的是，图瓦人的历史却很少有文字记载，全靠口口相传。不过，可以肯定的是，这些穿着蒙古长袍、笃信萨满教和喇嘛教的图瓦人，确实都是蒙古人的后代，所以在官方记载中他们都被纳入蒙古族。整个图瓦部落在过去的一个多世纪都处于颠沛流离的境地，被中俄争来夺去，被满清政府统治，后又被割让给沙俄，有一部分甚至流落到了外蒙古。如今虽然居住在中国的图瓦人并不多，但他们的生活却是最幸福的。

骑马走禾木

如果想要更好地体验禾木生活，最佳的方式就是融入当地人之中去。当地人会告诉你禾木最美丽的地方，一个是大小美丽峰，那里可以体味到草原的空旷与辽远；另一个便是观景台，在那里可以观赏到禾木的日出日落，禾木河以及谷底的哈萨克族民居也能够一览无余，拍出来的照片更是美轮美奂。而去这两个地方，你就要和当地人一起骑马。

骑着马儿去大小美丽峰，是个不小的挑战，因为路并不好走，要翻越好几个山头，很难徒步前往。伸脚入镫，跨上马背，你会发现骑马并不是一件容易的事，战战兢兢地向前走，只要马儿的脚朝前迈，马背上的人就会剧烈摇晃，好像随时会掉下来。而且马道与人行道是分开的，马道非常不平坦，很多石头卧在泥地之中，只有精明的马儿才能够

▲牧人骑着马放牧

避开那些危险。

来到平坦的草原，马儿踢踢踏踏向前走，一路前行终于抵达大小美丽峰。这两座山峰是高山上的平原，东、西、南侧都是高大的山峦，而美丽峰就卧在谷底。遥看远处一片青绿，高高的树木错落有致。顺着山势，树木由远及近、由低向高排列，就像是列队在欢迎来自五湖四海的旅人。据说这里的树木生长速度都很慢，就算只有手腕粗的树，也已经超过三四十岁的树龄。静处高山之中，它们的慢节奏也许正是因为契合宇宙的变化吧。

骑马继续向前，抵达观赏美景最佳地点的观景台，这里的山峦似乎离人很近，山脚下有堆得极高的平台，好像城墙，又像是破败的旧屋。向前行进时，牛羊在草地上穿行着，谷底横亘着的小水沟里，也胡乱堆了许多牛羊留下的粪便，但奇怪的是山谷之中的牛羊粪并不臭。

返程的道路相对于来时轻松了很多，无边无际的森林也变得亲切起来。经过禾木河的时候，再看那河水，似乎又有不同。因为河水里含有大量硫黄，夹杂了很多矿物质，水变得好像稀释的牛奶一样，泛出了乳白色。河底很多碎石，被湍急的河水冲刷着，从棱角分明变得圆润。似乎是因为岁月之手的长年抚摸，让这些顽石也被柔化，天生的倔强也被隐藏在滚圆的身体之中了。

只要来过禾木，它的美就会常驻你心，因为来到禾木并不是一种游览，而是一种被大自然洗涤的教化。这片净土，将拥抱着那些疲惫的旅人，让他们的心获得甜美的宁静。

▲额尔齐斯河内奇石遍地

Keketuohai

可可托海，每一秒都有不同风景

这是一片蓝色的海湾，有清新的空气和迷人的景象，让人心旷神怡。

这也是一座璀璨的聚宝盆，有让人惊叹的矿产和闪耀的宝石，令你目不暇接。

可可托海的美是多变的，从大东沟的神奇俊秀，到神钟山的一步一景，再到野鸭湖的蓬勃生机，走在这里的每一步都可以给你惊喜，让你看到可可托海不同寻常的一面。

大东沟里神钟山

在哈萨克语里，可可托海的意思是“绿色的丛林”。而在蒙古语中，它的意思是“蓝色的河”。不管是哪一种语言，这个名字似乎都有一种独特的浪漫魅力。

可可托海确实非常独特，它是中国有色工业第一摇篮，也是新疆的第一寒极、

“于此处，偶遇林间，
踱着方步的雪鸡，
探头探脑的小狐狸。
郁郁葱葱的白桦与山杨，
尘世间的烦恼抛却脑后。
感受这份来自天地间的馈赠。”

◀额尔齐斯大峡谷一角

最著名的宝石之乡、额尔齐斯河的奇石之地、世界最完整的地震博物馆。可可托海用它独特的地质资源，带给人们无可比拟的震撼之美。

额尔齐斯大峡谷是可可托海中的一处主要风景，来到可可托海的人必会先到额尔齐斯大峡谷，因为这里花岗岩地貌、峡谷河源风光以及高山植被，都独具特色。来到峡谷，扑面而来的便是那造型各异的花岗岩山峰，它们形态多样，山体圆润平滑之中，却又带着各种陡峭的岩壁，好像是高原之上的一群舞者正在恣意显露自己的功夫。而最著名的莫过于神钟山，这座山峰孤峰傲立，是阿尔泰山景之最。

神钟山得名于这里的山峰形态，在额尔齐斯河两岸，灰白的巨型花岗岩遭到外力的侵蚀之后，从地面被拔起，好像十几座巨大的神钟被扣放在额尔齐斯河边上。这一座座神钟形态各异，有的好像古堡，有的好像金字塔，它们一排排鳞次栉比，犹如谁在这里建造的铜墙铁壁。

这些神钟造型的花岗岩，为可可托海造就了一步一景的景观，而细致的花岗岩每逢降雨，坡面上犹如瀑布一样的流水倾泻而下，长期的侵蚀又形成了“水帘石”“蜂窝岩”等地形，让神钟山更加丰姿异彩。

神钟山所在的大东沟，也是一片极美的山水。这里和喀纳斯地貌景观有很大的不同，在这里，奇特的山水、草原、温泉等自然景观融为一体，在2005年被评为国家地质公园。

大东沟的春季很短暂，也许正是因为它的短，才让人们更加珍视它每一分每一秒的美好。那绚烂的飞花蝴蝶，啄木鸟、织布鸟、杜鹃等禽类的婉转歌唱，都让你会忍不住停下脚步。夏天的时候，大东沟的气候湿润清凉，额尔齐

Special达人说

每年春秋两季，可可托海的牧民转场是最让人感动的人文景观。这里的哈萨克族人固守着传统的放牧习俗，延续着3000多年的转场方式。他们携家带口，迁徙到峡谷深处的高原夏牧场与山外的冬窝子之间，冰雪消融的5月和秋风席卷的9月，正是转场大军开拔的时候。如潮水一样的牲畜向着目的地进发，这样的场面才是最撼动人心的巨画。

▲神钟山

这座神奇绝妙状如倒扣的石钟的花岗岩奇峰在额尔齐斯河南岸平地而起，相对高度351米，孤峰傲立，显得巍峨神奇，为阿尔泰山景之最。

斯河水流平缓，清澈见底，带着闲适惬意的心情来到这里避暑，不仅能享受奇花异草带来的惊喜，还能呼吸到最新鲜的空气。秋天是大东沟的黄金季节，大自然的魔术师将大东沟的一切都装扮得色彩缤纷，金灿灿的白桦树、红艳艳的杨树、绿色的青松，层层叠叠，勾勒出层林尽染的秋色图。9月是大东沟的鼎盛时节，宜人的凉爽气候成为徒步者的乐园、摄影家的天堂、越野车的舞台。

从神钟山出发，再前行8千米左右，方圆几百米之中就有四个温泉。据说这里的温泉可以治疗关节炎、腰腿疼痛，更有甚者说：有人来泡温泉时是被抬着来，泡完之后就可以骑着马回家了！在季德兰温泉附近，分布了胃泉、降压泉、不饱泉三个神奇的泉眼，它们各自的保健功能都体现在名字中了，凡是来体验过的人都啧啧称奇。在温泉东侧，一股清泉从一块十多米高的巨石之上飞流而下，这就是著名的温泉瀑布。水流从石顶之上飞泻而下，穿过小木桥，顺着小道继续前进，滋养着每一个疲惫的人。

草原泽国，可可苏里

如果说大东沟体现出了北国的豪迈，那么可可托海便是将自己的柔情都隐藏在了可可苏里这片草原泽国之中了。

沿着额尔齐斯河追寻可可托海的传说，可可苏里是不可错过的标志性沼泽湿地。这片湿地的水都是来自周边高山

▲野鸭湖中野鸭成群闲荡嬉戏，享受着大自然赐予的安宁。

积雪融水，它们从山顶奔涌而来，汇聚成了可可苏里。也许是纯净的水质格外吸引动物，可可苏里简直可以称得上是水禽的天堂，这里的湖面上长满了芦苇等水生植物，野鸭、红雁、白天鹅、灰鹤、沙鸥等，都在这里繁衍生息。碧蓝沉静的湖面上，远处的山峦和蓝天一起倒映其中，而水禽在湖面自在嬉戏，组成了一幅和谐美好的画面。

可可苏里究竟有多少只水禽，人们不得而知，只是知道这片水泽还有另一个名字——野鸭湖。每年夏秋季节，成千上万的野鸭在这里戏水，场面震撼人心。村民也说，野鸭可不是普通的鸟儿，它们用情专一，不输给鸳鸯。只要认定了彼此的伴侣，就会终生双宿双飞，其中的一只一旦离去，另一只便终生不再嫁娶，在天空之中徘徊低飞，哀婉的鸣叫让人动容。

可可苏里的水面大约有180万平方米，平均水深不到两米，湖中的大小浮岛有20多个。当你走到湖边的时候，便可以看到一丛丛的野生芦苇在水里不断飘荡着，好似一群穿着舞裙的女舞者，正在随风摆动柔软的手臂。微风吹拂，芦苇轻摇，这样的环境为野鸭的生长和藏匿提供了最好的条件，它们在这里的天空飞舞，在芦苇丛中哺育自己的下一代。

芦苇是野鸭湖中另一个让人称奇的景象，野生的芦苇生命力极强，在湖的中央，成片的芦苇好似无根之物漂浮在湖面上。好奇的人们都想要搞清楚它们是否真的在水面漂移。乘坐小船进入湖中探寻，会发现野鸭湖的芦苇根系非常发达，只是它们的根系不是长在泥土中，而是根根相连，彼此交错纠缠，让芦苇好像浮萍一样游荡。

▲ 可可托海国家地质公园，拥有着奇特地貌及多样的矿物资源，亦被称为“宝石之乡”。

野鸭湖畔，绵延着万亩的草原，悠闲的牛羊踏花觅草，恬静安逸。野鸭湖中，成群的水禽自在地歌舞嬉戏，享受着丰富的食物和惬意的阳光。站在这里的草原泽国，山岚缥缈，村庄依稀，如同一幅淡淡的水墨画，你一定会被这样的可可苏里征服，痴迷留恋。

令人惊叹的地质公园

可可托海的美，除了这些景致之外，还有它令人称奇的、丰富的“内涵”。这里是目前世界上已知的最大、最典型的含稀有金属矿的花岗岩脉之一，被誉为天然矿物陈列馆。

可可托海国家地质公园是中国第一个以典型矿床和矿山遗址为主体景观的国家地质公园，加上独特的阿尔泰山花岗岩地貌景观和富蕴大地震遗迹，让它具有了丰富多样的科学内涵和美学意义。

可可托海国家地质公园面积619平方千米，园区内著名的“三号矿”是世界级的花岗伟晶岩矿床，发现了84种矿物，与世界上同类矿脉相比，三号矿脉中的铍资源储存量居世界第一。要知道，这个矿脉曾经在三年经济困难期间，为国家偿还了1/3的苏联外债，为“两弹一星”事业立下了特殊功勋。虽然如今额尔齐斯河水掩盖了它的沧桑，结束了那充满神秘的历史，但它传奇一般的过往依旧在人们口耳相传之中继续传播着。

除了各类丰富的矿产之外，可可托海国家地质公园还是宝石之乡。这里盛

产海蓝宝石、碧玺、石榴石、芙蓉石、水晶和各类玉石，这些晶莹璀璨的宝石，想必没有人不会喜欢，而它们对可可托里来说不过是寻常之物。

在可可托海庞大的工业遗迹之中，随处都可以看到镶嵌在路边岩石表面上的闪亮矿石，让它变成了一个耀眼的聚宝盆。著名的“三号矿坑”犹如一顶朝上放置的大草帽，在它里面著名的绿柱石、海蓝宝石、紫水晶等数不胜数。很多不远万里来到可可托里的人都为淘宝而来，镇子上星罗棋布的加工销售珠宝的店铺里，各种晶莹剔透的宝石放射着光彩，吸引人们的注意力。不过，如果你真的去了宝石市场，也许会遇到鱼龙混杂的局面，不懂行的人很难辨别真伪，还不如赶上刚从山里采石回来的牧民，说不准可以买到货真价实的好东西。

矿产让可可托里变得耀眼，而地震断裂带却让人惊叹可可托里的力量。卡拉先格尔地震断裂带，是1931年富蕴县八级大地震留下的遗迹。这次地震造成的塌陷区长达1500米、宽350米，除了63米的滑坡裂面，还伴有龙脊、串珠状断陷塘等地震景观。虽然地震很惨烈，但留下了如此多姿多彩的地质形态也引起了很多地质学家的注意。经过一番考察之后，人们发现可可托里连地震都这么有创意，一次地震让这里成了全球地震史上保存最完整、最壮观惊人的地震遗迹。

这就是可可托海，一个富含矿物质的聚宝盆，一个被大自然的神力刻画而就的美丽之地。这样一处“金玉其外”，更是金玉其中的地方，谁能够抗拒它带来的震撼之美呢?

Baihaba

红色雪山脚下的小木屋，

白哈巴的世外桃源

作为阿尔泰美丽的雪山脚下图瓦人村落之一，白哈巴的美与禾木、喀纳斯稍有不同，有点接近北欧风情。

雪山脚下的世外桃源

前往白哈巴是一件充满了挑战的事，由于交通不便，位于中哈边境的这个小村落颇有一些与世隔绝的意味。与禾木、喀纳斯等不同，白哈巴虽然也是图瓦人的村落，但它的美却更加细腻，需要走得更近才能体会。

善于越野爬行的吉普车在乱石遍布的山路中行驶，一路上颠簸不停。可是在接近白哈巴的时候，就连它也无法行走了，这个神秘的村落的入口必须要步行穿过泥泞的小路才能进入。

去白哈巴的路上，经常会碰到一些正在转场的牧民，他们只要看到你就会抬起手中的帽子示意问好。这些淳朴的图瓦人都非常有礼好客。

经过一番波折之后，在长长的沟谷之中，白哈巴的面貌逐渐显露在漫山遍野的白桦林之中。羊群、骏马、青松、白桦，还有那正在悠闲地走来走去的村民和悄悄流淌的河流，这一切都笼罩在一片淡青色的薄雾之中，恍惚真的来到了世外桃源。

“一曲曲图瓦女高音的劝酒歌，一碗碗清醇甘洌的奶酒，伴随着图瓦山村月朗星稀的夏日、杯碗交错的祝福，似乎把人们带入幽幽的梦境。”

▲白哈巴的每个季节都有属于它的颜色，它们一起构成了一幅美丽的画卷。

远看白哈巴，就好像一幅被纱巾笼起来的图画，茫茫林海的深处飘飞出来的炊烟让你明确这里真的住着人。只要举起手中的相机，就算不看镜头随意乱拍一气，拍出来的照片都美轮美奂，也难怪为什么那么多摄影者喜欢来这儿了。

久在樊笼中，复得返自然。来到白哈巴的第一感受便是那畅快的自然气息，虽然经历了长途跋涉，但清新的空气和无边无沿的美景可以让你顿时忘记疲劳，只想在绒绒的草地上来回奔跑，对着层峦叠嶂的远山大声呼喊。

2001年之前，白哈巴是一个未曾开垦的世外之地，这里甚至没有一家饭馆或者旅馆，现代商业文明的足迹似乎被挡在了大山之外。而现在，这里已经有了饭馆，也有了旅社，对游客的接待服务也越来越完备。不过图瓦人依旧保持着自己的生活习惯，他们日出而作、日落而息，追随着牧场驱赶着羊群。一路上遇到的图瓦人都会热情地向你打招呼，甚至还会热心地提供羊肉和奶酒，而这一切在图瓦人眼中就如同亲友之间的来往般自然。置身在这样一个无争安宁的环境，所有的人都会变得纯净起来。

白哈巴一年有六七个月都会被大雪封山，冬雪有时候可以深达2米，交通工具主要是马匹和滑雪板。这就是为什么你会在图瓦人的场院之中看到长约2米、两头微翘，和爬犁有点相似的木质工具，它就是马拉滑雪板。这种滑雪板一般是用白松木制成，板底钉上了马皮，可以让滑行阻力变得更小，更加结实耐用。漫长的冬季，图瓦猎手们带着猎枪、弓箭和大麦炒面，将生活用品都装进羊皮袋里，系在滑雪板上，在雪地上快速滑行，一出去就是十天半月，在茫茫林海雪原之中猎取棕熊、鹿、狼、

1

2

狐狸和野兔。这样的生活有多么恣意快乐，只有滑行在林间山头的猎人知道。

在白哈巴行走的时候，你会发现当地人非常虔诚，在生活习惯中保留了许多藏传佛教的习俗，譬如往火上浇油，节日里把煮熟的肉先扔进火里，早茶先洒向天空等。还有诸多的礼仪也都保持了藏传佛教的传统，例如新生儿的诞生礼、婴儿期的摇篮礼、幼儿期的剪发礼，以及成年后的婚礼和死后的葬礼等。

图瓦人的婚礼一般都会在秋天牧闲时期举行，那不是一家人的婚礼，是全村人的节日。婚礼举行的当天，男女老幼都要穿上礼服，带着礼物赴宴祝贺，大家齐聚一堂，唱歌跳舞，吃肉喝酒。年轻的小伙子在婚礼的时候会进行角力比赛，喜庆的活动往往会通宵达旦地进行。对于图瓦人来说，婚礼中最重要的东西不是钻石，而是羊皮，因为羊皮是图瓦人心目中的天赐之物。男方来迎接新娘的时候，女方家人会拿出一张羊皮，男方迎亲的人会互相争夺，大家各自抓住羊皮的一角，使劲来回拉扯，最后抢到羊皮的人就是胜利者。但是胜利者并不会独享羊皮，他会将它送给村里的长者。而为了表达对年轻人的祝福，长者会将这张羊皮挂在自家的门前。

中国西北第一村

被誉为中国最美村落的白哈巴，坐落在阿勒泰山脉平缓的山谷中，它西与哈萨克斯坦的大山遥相呼应，北侧的雪山背后就是俄罗斯。

白哈巴是绝对的“中国西北第一村”，再也没有任何地方比它更西北了。生活在俄罗斯的图瓦人有18万，而生活在新疆的则只有几千人，虽然人数不多，可他们的幸福指数却一点都不低。这个充满了原始生态的图瓦人村寨，清一色的尖顶木屋，每一户牧民家里都有一个木栅栏围起来的院子，还有

❶ 骑着马儿漫行在流光溢彩的秋色中，感受着童话世界的美好。

❷ 下雪时分的白哈巴村

❸ 冬天的白桦树凌厉清爽，与白雪相互映衬，延伸到远方。

❹ 白哈巴是图瓦人世居的家园。

❺ 白哈巴被誉为“西北第一村”。

那叫个不停的牛羊圈。这里是淳朴的游牧民族最温馨的家园，在未被打扰之前，他们的生活就这么世代继续着，宁静而又美好。

图瓦人世代以狩猎和游牧为生，所以白哈巴并不是他们固定居住的地方，只是图瓦人在冬季时越冬的安乐窝。每当春风吹绿了山坡上的草原，勤劳的图瓦人就要骑着马儿、赶着骆驼、带着牛羊去山上放牧了。随着季节的推移，放牧的草场会逐渐升高，向着更高的山上爬行而去。在高山之上，有凉爽的夏天，也有广阔的视野，更有图瓦人明朗的笑声。他们带着牧群度过夏季牧场舒适的日子，一直到秋风将山林染上绚丽的色彩，绿色的盛宴不再鲜嫩可口，牧人们会在大雪封山之前浩浩荡荡地迁徙回村落，在温暖的木屋里避寒越冬。

冬日的白哈巴最热闹，牧民在羊圈中架起木棚，将喂牲畜的草料堆在上面，像小山一样，整个冬天他们就可以悠闲惬意地在屋里喝酒、吃肉、烤火，就像是一个悠长闲适的假期。大雪阻隔了村落和外界的交通，几乎没有任何外来人到访，宁静的村落回归了原始的气息，只有木屋顶上冒出来的袅袅炊烟，似乎是想融化掉这个冰雪的世界。

辛苦了一整个夏天的人们围坐在暖意融融的火炉旁，用图瓦人独有的乐器楚尔吹奏着优美动人的古曲，举着自酿的奶酒开怀畅饮、歌舞狂欢。图瓦人的聚会是最欢乐的，他们的奶酒不是马奶子酒，而是用香浓的牛奶制成的口味甘冽清纯却后劲十足的奶酒。酒过三巡，人也开始微醺，聚会的气氛会变得热烈起来。清亮的歌喉、淳朴的笑声、豪放

的舞蹈，以及与世无争的神态，都让这片人间仙境充满了幸福的味道。

敖包节是图瓦人最大的节日，是为了表达对天地日月和大自然的敬仰而生的节日。生活在白哈巴的图瓦人会选择一处水草丰美的高山丘陵地带，将圣石堆在一起，组成祭天用的圣石堆，石堆上往往还要插上竖立的木杆，上面悬挂着经幡、哈达，或者是象征哈达的各色布条，这个就是他们的敖包和神树。祭祀敖包是图瓦人非常重要的仪式，每年七八月之间，他们会穿上新的衣服，在敖包前摆上佛像和供品，请活佛诵经并转敖包，一起祭拜上天，感谢上苍的恩赐。祭拜结束之后，大家互相道贺、祝福，载歌载舞。敖包节的祭祀活动神圣而且隆重，欢腾而又张扬，将图瓦人的虔诚与豪迈表达得淋漓尽致。

除了敖包节之外，图瓦人还有入冬节，又称点灯节，它在冬天举行，就像汉族的春节和元宵节一样，只是举行的时间是每年的十月二十五日。因为此时牧民都回到了村庄，而这一天也是传说中活了125岁的活佛马赫卡拉离世的日子，所以又让它有了特殊的意义。

阿尔泰山的清晨有着浓厚的雾气，笼罩着山峦，映衬着雪峰，让人倍感庄严。而黄昏的时候，晚霞会将整个山体染成血色，浪漫和热烈中又裹挟着孤傲。送走洁白的雪峰，毫无畏惧地迎来

白哈巴的夜晚星空闪烁，星星犹如颗颗钻石般近在咫尺，时光似乎停滞了，让人的心也静了下来。

Special达人说

白哈巴靠近国界线，这里还有边防哨所，所以管理也更加严格。在离开布尔津前往白哈巴的路上，你会遇到边防检查，所以必须在布尔津办理好边防证，给检查的士兵查验过之后，才可以通行。进入白哈巴之后，如果想要前往国界线，也需要登记，并且严格遵守边防规定，不可跨入禁区。哈巴河就是中国和哈萨克斯坦的界河，站在河畔就可以遥望哈国，但要谨记不可跨越哦。

一轮寒夜，稠密的松林黄绿相间，从山体一直延伸到山下，溪流在林中弯弯曲曲奔流向西，日夜不息。所有的一切都像是大自然这位艺术家精心布局的，就算是夜晚也能透露出它不可掩藏的美来。

来到白哈巴的人以驴友和摄影家为主，他们不辞辛苦地来到这个童话世界，就是想体验不同凡俗的美，而白哈巴没有让他们失望。曾经有人在青藏高原上看星星，觉得触手可及，但当他置身于夜晚的白哈巴，会发现这里漫天的星星不只是一个简单的“触手可及”可以形容的。

半夜时分，走出图瓦人的木屋，你会以为自己进入了一个星星构成的世界。夜空中每一颗星星都明亮而又真实，它们似乎不是在天上，而是挂在树梢，撒在屋顶。这个时候的白哈巴，褪去了一切色彩，只剩下一片星空，而它们却非静止的，而是随着你的感官在不断涌动。

如果白哈巴村是一幅浓墨重彩的油画，那么它的落日便是其中最绝伦的一笔了。一簇簇白桦树挂满了金黄的余晖，将灰褐色的村庄映照得富丽堂皇，橙色的天空变成了辉煌的殿堂，一束又一束晚霞，染红了村庄，染红了雪山。你一定认为这一切很不可思议，但它就是那么真实地出现在你眼前。

Kuerle

中国最美的湿地，库尔勒博斯腾莲花湖

库尔勒是一个充满了惊喜的地方。孔雀河将它变得无比灵动，博斯腾湖赋予了它无限的生命力。去探究楼兰古城，去造访罗布泊，去观赏莲花湖迷人的水光山色，感受金色胡杨林中的梨乡，去领略丝绸古道上的万种风情，所有的一切库尔勒都可以满足你。

塞外梨乡库尔勒

库尔勒在维语中的意思是“眺望”，和新疆其他城市的名字都是赞美山水不同，这座城市从名字就已经显露出了它的诗意和哲思，只是这两个字，就足以触动人心中最柔软的地方，让这座生于沙漠之中的小城不陷于流沙、不止于荆棘。

坐落于欧亚大陆和新疆的腹地，库尔勒依靠着塔里木盆地东北边缘，北依天山支脉库鲁克山和霍拉山，南临世界第二大沙漠塔克拉玛干沙漠，境内地势北高南

◀新疆库尔勒整齐排列着的白杨，犹如一个个年轻的战士。

▲库尔勒香梨

低，形成倾斜的扇形绿洲带。孔雀河、塔里木河缠绕着它，霍拉山、库鲁克山守护着它。库尔勒是两山两水汇聚的风水宝地，将东西文明汇聚于此。

如今的库尔勒市是新疆巴音郭楞蒙古自治州的首府，历史上这里曾经是西域36国中焉耆国和渠犁国的属地。这座小城既有着楼兰文明和罗布卓尔文明的沉积，又有着孔雀河水孜孜不倦的穿城灌溉；既有传说中千年不死的金色胡杨矗立沙漠，又有数千年栽培、源远流长的香梨香飘万里。

新疆有一句俗语：吐鲁番的葡萄、哈密的瓜，库尔勒的香梨没有渣。提起库尔勒，人们首先脱口而出的便是它的香梨。这个以美味的香梨闻名遐迩的地方，夏季炎热，昼夜温差大，光热和水资源丰富，为盛产香梨创造了良好的生态条件，被称为“塞外梨乡”。

除了梨和石油，库尔勒还有什么？如果你问当地人，他们会骄傲地告诉你还有很多。

从东汉到宋元的1000多年时间里，由于佛教的传入，丝绸之路的开

▲沿河的胡杨树

▲大漠英雄千年壮士胡杨树

▲库尔勒当地的居民

▲库尔勒的奇峰峻石

辟，第一个信奉伊斯兰教的哈喇汗王朝的建立，佛教、伊斯兰教和儒教文明在库尔勒汇聚，让这里一度成为西域的经济、政治、文化中心，在这里留下了拿蒙王府、巴仓台黄库、曲惠古城、唐王城、锡克沁千佛洞、铁门关、楼兰古城、米兰遗址等著名的人文景观。在大自然的鬼斧神工之下，这个中国面积最大的州（含库尔勒市和八县），地貌奇峻，气候多变，自然风光异常优美，充满了原始的野趣。水草丰美的巴音布鲁克草原，钟天地之灵秀的阿尔金山，沟壑纵横的天山石林，星罗棋布的罗布泊沙湖，烟波浩渺的鲸鱼湖，深邃难测的呼通萨拉瀑布，神秘而绚丽的雅丹奇观，塔克拉玛干大漠和库木塔格沙海上光怪陆离的海市蜃楼等，都是中外旅行者和探险家载欣载奔的处所，有着极高的观赏价值和研究价值。

拥有造物主如此多的偏爱，库尔勒也用各种美味回报着这个世界。这里不仅出产鲜嫩不膻的

“风起时波浪滔天，
风止时波光潋滟，
万顷莲花接天映日，
悠悠芦苇连成一片广袤的世界，
这里禽鸣鱼跃，宛若江南
水乡。”

❶ **博斯腾湖的麝鼠**

博斯腾湖是饲养麝鼠的理想场所。

❷ **博斯腾莲花湖**

肥羊、止咳化痰的牦牛奶，还有列入“八珍”的驼峰、美容健身的野兔、鲜美丰腴的雪鸡、称霸雪山的壮熊、博斯腾湖的名鱼……还有众多甜彻心扉的瓜果，若羌石榴、伽师甜瓜、尉犁巴旦杏。

这样的库尔勒，你能拒绝吗？

新疆夏威夷：博斯腾莲花湖

在人们的印象中，新疆就是一个只有高山、沙漠和戈壁滩的地方，但来到这里你会发现，新疆不仅有雄浑、粗犷之处，也有非常柔情的一面。行走在乌鲁木齐的时候，你便会看到“金沙滩”“夏威夷”等各类广告牌，也许你会感到奇怪愕然——新疆哪里来的金沙滩？还堪比夏威夷？然而，在茫茫戈壁，库尔勒就真的拥有这样波光粼粼的湖水，在大自然的垂青和造化之下，博斯腾湖拥有了夏威夷一样的明亮、柔美，演绎着戈壁与绿洲的故事。

博斯腾湖位于焉耆盆地东南，博湖县境内，拥有980平方千米的湖水面积，是中国最大的内陆淡水湖。在中国古代历史上，时时会出现“西海”的名号，所指的就是博斯腾湖。而唐代的时候，又称它为鱼海，大概是为了赞叹它丰富的水产。一直到清代，它才被定名为博

亭亭玉立的莲花展现着新疆温柔细腻的一面。

斯腾湖，因为“博斯腾”在蒙古语之中是“站立”的意思，大概是因为湖心站着三座山而得名。

天山雪峰之上的一条条银龙是博斯腾湖永不枯竭的生命之源，它还容纳了开都河、清水河、黄水河与乌什塔拉河，摇身一变成了孔雀河，从西南冲过著名的铁门关，经过库尔勒，尉犁县城，辗转向东投入罗布泊的怀抱。

曾经得名“鱼海”，可见博斯腾湖的盛产各类淡水鱼名不虚传，这里有20多种鱼类，年捕捞量可以达到3500吨之多，是新疆两大渔业基地之一。作为西北地区少有的淡水湖，博斯腾湖在浩瀚无垠的沙漠之中显得更加珍贵，同时，湖畔广袤无垠的芦苇也是最值得骄傲的产出，让它成为全国著名的四大芦苇基地之一，一年可生产24万吨。除此之外，博斯腾湖还是饲养麝鼠的理想场所，麝鼠皮毛轻柔美观，畅销国际，堪称博湖人创外汇的软黄金。

来到博斯腾湖，你会被它碧波万顷的江南风情所折服。在水天一色的湖畔行走，不仅有金沙滩大河口、扬水站、和硕海滨浴场和相思湖，还有浪漫到极致的莲花湖。

从库尔勒到莲花湖，有大约25千米的路程。经过一片荒芜之地后，便能看

到郁郁葱葱的白杨参天林立，在树林的背后便是一片湖水。水天一色的莲花湖中不仅波光潋滟，而且鸟鸣鱼跃、清风拂面，宛如江南水乡。

乘坐游船行驶在莲花湖，水珠不断飞溅到身边的白莲上，莲叶上闪闪熠熠，如同珍珠一样滚来滚去。莲花上清水滴滴，晶莹可爱，分外妖娆。这种古往今来令多少诗人为之高唱的花朵，那芬芳艳丽的色相，让人不酒而醉。

莲花开在戈壁之中，这本身就是让人难以相信的事；繁茂地开满一湖，更是不可想象。洁白、浅粉的莲花精致纤柔、冰清玉洁、透明脆薄，好似湖中的仙子。清澈的湖水之中密密麻麻的水草又让它显得神秘莫测、引人遐思。

除了莲花，莲花湖的翠苇也一样迷人。那些芦苇一望无际，就好像一片绿色的海洋，一根根都一般粗细，两米多长，修长的身姿分外窈窕。从岸上远观，似乎除了眼前的水道之外，湖中到处都是芦苇一样，密密匝匝，连鸟儿都无法飞行。但是乘船进入湖心，你会发现芦苇荡被很多条纵横交错的水道分割成了很多片，每条水道都曲径深邃。盛夏时节，莲花湖烈日当空，乘坐小船进入绿荫如盖的芦苇小径，立刻就感到一阵沁人心脾的凉意，红尘荡尽、疲劳无踪，心中只留下一个清凉世界。这花海，这芦苇，这片静谧的水面，便是自然留给库尔勒最好的礼物。

Special达人说

库尔勒机场为军民合用，每周都有前往乌鲁木齐、成都、北京、济南的航班，半个小时就可以抵达乌鲁木齐市。在火车站，也有直达乌市、吐鲁番、兰州、西安、郑州等地的火车。长途客运班车可以抵达全疆境内多数地方，库车、且末、轮台、和硕等均可抵达。在市内，公共交通也很方便，打车的话起步价5元就足够在市内兜一圈了。

Xiatahegu

望着雪山泡温泉，夏塔河谷中的神仙生活

这是一个如此神奇的所在，它超越了你的想象，就算你的目光变成了一匹野马，也难以追逐到它的色彩。

这也是一个如此梦幻的地方，仿佛所有的梦都在这里变得有温度，有色彩，有声音。

花海的色彩，温泉的温度和鸟鸣的声音，这不就是我们的梦吗？

艳黄的油菜花开，蜜蜂忙着采蜜。

昭苏草原的油菜花海

如果说天山是新疆的母亲山，那么她显然也是有所偏爱的。地处新疆北部的伊犁河谷，昭苏草原和夏塔河谷被她宠爱有加，这里的气候湿润，环境旖旎，植被覆盖率高，自然资源得天独厚，被认为视为最适合生存和生活的“天堂”。不管是名声在外的那提拉，还是后起之秀的唐布拉，抑或是宏大的喀拉峻与娇艳的孔杜努苏，集众多优势于一身的昭苏草原以超然绝美的气质和外表，逶迤千里，卓尔不群地站在天山脚下。

昭苏草原是我国著名的四大草原之一，以铺天盖地的金黄油菜花而闻名于世。盛夏7月，昭苏草原气候凉爽，到处都是一片青山绿水，黄灿灿的油菜花开始盛开；还有草原石人、圣佑庙、格登山记功碑等人文胜迹，是新疆旅游、避暑的首选之地。

作为昭苏县的主要经济作物之一，油菜不仅是昭苏农民收入的主要来源，也是吸引游客的主要项目，更让昭苏有了“花海”美誉。每年7月百万亩油菜花灿然盛开，万顷油菜花随着微风扬起金色的浪花，吸引着全国各地的摄影爱好者

和游客纷纷前来。

7月的昭苏草原是盛夏的天堂，这里百草茂盛，青色的草原望不到尽头，油菜花盛开的景象胜过任何画家的作品。行走在昭苏，斑斓的色彩会一次次挑逗你的目光，黄色、粉色、蓝色和紫色……各种你想不到的花朵都会连绵不绝地出现在视野中，在辽阔的草原上铺陈开来，悠远的意境是任何语言都无法表达出来的。

想要去昭苏草原，最佳的时间是7月，因为这个时候油菜花开得最盛。从昭苏县城出发，一路向着夏塔草原前进，公路的两侧都是金灿灿的油菜花，传说这里的油菜花可以一直“开到天边”。

绵延到天边，不过是大家美好的想象，但这里的油菜花超过百万亩却是事实。上百万亩油菜花同时开放，在你的身边像金光一样明亮闪现，幽幽的清香沁人心脾，蜂群在花海之中自在飞舞，争相采蜜，蜂农也打开了蜂箱，开始割蜜，一片繁忙之中，也透露出一片甜蜜。

蓝天白云之下的金黄色油菜花海，一簇簇竞相盛开，极目望去，四野都是

昭苏草原

昭苏草原标志性的油菜花一路蔓延，与远处的雪山相映成景。

▲万里晴空下的油菜花田

纯粹至极的色彩和线条，似乎望不到尽头。层层叠叠的积雨云低悬在天边，就像是莲花宝座一般。天空似乎离草场很近，又似乎这一切本身就在天空中。

昭苏草原到夏塔峡谷之间有大约100千米的距离，油菜花海、乳白色的夏塔河、翠绿的松林苍海、花海与雪山同在的人间奇景，这一切让旅途变得充满了乐趣和惊喜。夏日里的夏塔，为人们呈现出非同凡俗的大气之美。

行路中最怕的是无聊，可是去夏塔却一点都不会，时而两峰来聚，道路变得幽深狭长，让你的神经为之紧张；时而发现松林蔽日，鸟儿在林间啾啾长鸣，野果的香味随着风儿袭来，沁人心脾，让你想要下车寻觅一下惊喜。那奔流了千年不息的山涧水，在乱石之中湍急奔腾，溅起了晶莹的水花，将昭苏热烈绚烂的阳光折射得更加惊艳。不过，当你沉浸在这一切中，刚想放松一下心神，却又会发现路旁冷松繁茂，人迹罕至，似乎随时都会有野兽从树后奔扑而来，让人脊背生寒。

更加让人赞叹的是夏塔林场，这里有大量的绿色植被，松林、厚草，美得让人眩晕。这其中，还有很多是珍贵的野生药材，贝母、雪莲、冬花、黄芪、柴胡、木香、仙鹤草等都是夏塔林场所出产的高品质药材。尤其是淡紫色的新疆贝母，是一种珍贵的中药材，在夏塔林场的草原、山地、草甸和灌木丛下，都可以看到它们摇曳着淡紫色的花朵，随风送来缕缕幽香。

▲陡峭的夏塔峡谷

世外仙境夏塔温泉

穿行在陡峭的夏塔峡谷，而距离峡谷口28千米处，就是颇具名气的夏塔温泉了。深藏于峡谷之中的温泉，就好像被夏塔草原掩藏起来的宝藏，本来并不为人所知，只是在近些年的大力开发下，才逐渐揭开了面纱。

沿着峡谷走向温泉，你会发现这里实在是生机勃勃。不知道是否因为温泉水的滋养，这里的动物都非常

◀幽静的夏塔大峡谷，远处是雪山，云海在山间环绕，谷内松柏林立，好似独辟了一处人间天堂。

▼ 神秘的夏塔古道与连绵的木扎尔特冰川相互遥望。

灵动。林间的鸟鸣不绝于耳，时而清脆，时而婉转，时而高亢，只是你却难觅那丛林歌唱家的踪影。峡谷的一旁，奶绿色的木扎特河奔涌而过，湍急的水流在幽谷中不断发出轰隆隆的响声，来到河边捧上一把，水质清澈无比，但却也冰凉刺骨，让人畏惧。在木扎特河的上游，夏季的水势会更加凶猛，如果想要穿越夏塔古道，就必须一次次地蹚河而过，随时都可能被卷入激流，想一想都会让人双腿发麻。

行走不远，就能望见松林中的小木屋若隐若现，哈萨克牧人在这里放牧，兼守护这片林场。他们骑着马儿在林间花海游弋，

“温泉水滑洗凝脂，
在自然之灵气，天地之精华中，
认真感受温暖的泉水遍及每一寸肌肤，
感受这天人合一的境界，
领略汤泉吐艳的美妙。”

日子过得从容淡定。在牧人的带领之下，一路来到谷底，那里的温泉都隐藏在木屋之中，几处泉眼都得到了很好的保护。

对于穿越了林场、冰川的探险者来说，在峡谷中发现这样一处温泉，得以放松一下疲惫的双脚，那是最温暖的犒赏。夏塔温泉根据泉眼的不同，温度也略有不同，从30℃到70℃均有，分布在不同的木屋之中。最受人们欢迎的是50℃的温泉，它的温度可以让一般人承受，而且对身体的治疗效果也非常明显。曾经有人在入温泉之前喝了酒，头疼不已，但进入温泉不过半个小时，不仅酒醒了，头疼也得以缓解。据当地人介绍，这里的温泉对于各类风湿疾病都有很好的疗效，甚至有人专门来到这里泡温泉治病。

在温泉木屋的后面，一座雪峰似乎是守护温泉的白头老人，静静地坐在那里。

这就是著名的木扎特群峰了，它从两侧翠绿的斜山中突起，云雾缭绕，似乎就横亘在你的眼前。享受着温泉的抚慰，舒缓着疲惫的身体，此刻的你一定会觉得这雪峰就是草原最温柔的呵护者，不仅爱护着它的子民，更保佑着每一个来到这里的人们。

山林息尘心，遥望着夏塔草原之上的雪山、古道和冰川，眼前的一切是多么美好。阳光下兀立的冰峰投射出一种古老的力量，湍急奔涌的河水，接于天际的云杉，耸然而立的山峰和足以漫过你身体的草原，似乎是一次对心灵的考验。

如此得天独厚的地理优势，夏塔之美在很早之前就被人们发现。位于这里的夏塔古城、波马古城、胡图尔城堡、布里托里哈城堡等，证明着这片土地曾经是多么繁华。如今，这些古迹都已经被遗弃，没有了炊烟，也没有了人语，有的只是断壁残垣、破碎的陶片，就像是被随意抛撒的枯萎种子。而圣佑庙、格登碑似乎还可以让现在的人们感受到历史的余温。

圣佑庙是额鲁特蒙古人所修建的喇嘛教寺院，在昭苏县城之中，经过了多次的拆迁之后，于清朝光绪年间定址。1984年，十世班禅活佛额尔德尼·确吉坚赞曾经来到这里参禅。圣佑庙是目前新疆现存的喇嘛庙中保护得最完整的藏传佛教寺院。

在昭苏和夏塔，历史的、自然的、文化的种种景观其实远不止这些，只因这片土地就好像一个绵延而永远没有尽头的梦幻，将你裹挟其中。让那些穿梭在城市楼群中的人们，在踏着城市节奏奔走的时候，时刻都想起一个从清脆鸟鸣声中醒来的地方。

这里的空气是单纯却又奢侈的，这里的景色平常又珍贵，而当你远离了这里，所有的回忆都将是珍贵的。

▲夏塔温泉一角

▲在夏塔温泉中放松的小孩

▲且末盛产白玉、粉玉、青玉和金山玉，具有色纯、细腻、嫩润、坚硬、明亮等特征，且末已成为中国玉器的定点生产基地之一。

Qiemo

去且末，发现最美阿尔金岩画

在塔里木盆地的南缘，且末是一个让人神往的地方，这里不仅产金，还产玉，不管是新疆还是全国，这都是非常难得的金玉之地。

古往今来，且末就是探险家的乐园，丰富的矿产为它吸引来了许多人，而美好的景色也为它留下了许多人。

玉王之城

且末的历史究竟有多悠久？也许中国人有多爱玉，它就有多久的历史。这个古老而祥和的地方，静静地躺在瀚海边上，听着车尔臣河水缓缓流淌。它的东侧是著名的罗布泊，南侧是阿尔金山自然保护区，北侧是塔克拉玛干沙漠，不管这些地方多么吸引人，来到这里的人都会直奔且末。

"白玉白如羊脂，粉玉红似炭火，
青玉碧如绿叶，金山玉黑似纯漆，
不同的且末玉，同样的温润细腻，
一起装点着且末的风采。"

自然风情与人文历史的交织让且末有了独特的魅力，传奇一样的古国历史诉说着它的过往。曾经引发了无数的征战、无数人的探秘，而如今的且末人却依旧在这里平静地生活，繁衍生息，创造着属于自己的绿洲文明。

在古语中，"且末"是藏金、藏宝的"箱子底"之意，这个被延续了几千年的地名，代表着这片土地的奇异动人，代表着它一直是一个值得一探究竟的神奇之地。在中华民族悠久灿烂的玉石文化中，且末扮演了重要的角色。大约4000年前，且末就成为和田玉的主要产地，并且以储量大、玉质好、善产大玉而蜚声海内外。如今且末依旧是全国白玉、青白玉的生产基地，据说每100块和田玉中就有70块出产自且末。

▲且末所产的玉代表着和田玉的最高品质。

从和田市前往且末县，中间几乎没有太好的公路可以走，很多路段都会在雨季被冲垮，所以只能绕行。即便如此，沿途的风景却一点都不会亏待你。巍峨的昆仑雪山就像是护送队一样，一路都跟着你前进，从视野到心灵都让人变得开阔无比。偶尔的一段公路也如同天路一样，似乎可以直通昆仑雪域。尼雅河滋润灌溉着且末的每一寸土地，没有来过这里的人根本想不到它的水草有多么丰美，马羊是如何健硕。

以前的且末总能出好料子，所产出的和田玉又白、又细、又油润。经过了几轮疯狂的开采之后，现在出产的绝大多数都是青玉、青白玉、糖白玉、糖青玉，它们细腻纯白的程度也是世所罕见的。

▶**且末甜瓜**

且末的水源丰沛，日照充足，所以这里的甜瓜相当好吃，皮薄味甜。虽然皮比较薄，但储存的时间特别长，可以从夏天放到冬天都不坏。

来到且末，你最想去的也许就是那传说之中的矿坑了。在矿主的小院里，堆满了刚刚开采下来的山料，由于目前的矿都是采取爆破开采的方式，所以采下来的玉料都是几公斤到几十公斤大小，上百公斤的并不多见。而且爆破也让玉料里多了很多炸纹，影响了玉石质量。这些玉料大多会出售给专业的加工商，雕刻好之后再进入市场，一般的收藏者不会选购山料。

看料选料向来都是最深不可测的，一块山料放在那里，不懂的人会觉得毛糙，没有玉的质感。可是一旦对它进行加工打磨抛光，洒上一点水，就可以看到晶莹的玉石原形了。

和周边的城市相比，且末是一个绿化极好的地方，植被非常丰富，但也会遭受周围大漠的袭击，出城不过数里地，就可以看到一片黄沙。总体来说，广阔的车尔臣河灌溉着这片土地，让生活在这里的人都充满了幸福感。来到且末人家，他们会热情地拿出烤馕和手抓羊肉来款待你，生活在和平年代的且末人非常感恩如今的日子，每年农田里产出的粮食自用和买卖都非常充足，农闲的时候还可以做玉石生意，在他们看来这样的且末就是最好的。

且末美味吃“三奇”

且末作为新疆巴音郭楞蒙古自治州最远的一个县，在很多新疆人心目中都是极为偏远的。如果要前往且末，只有两条路可以选，一是由南疆重镇库尔勒出发，一路向着西南，经过生产建设兵团31到35的五个团场，绕过早已成为旱漠的死亡之海罗布泊，过若羌，车行五六天，大约800千米才能到。而另一条路也未必见得容易，它需要从南疆古城喀什向着东南行进，绕道和田、洛浦、策勒、于阗、民丰等县

且末味甜汁多的香瓜

且末的绿头野鸭

市，行程超过500千米。

如此难以抵达的且末，为什么还有那么多人想要前往呢？只因清澈透明的车尔臣河将这里浇灌成了一个世外桃源，沃野千里，良田万顷，茂盛的牧场无边无际，蜿蜒的河水两岸花草繁茂、绿树成荫、芦苇成片。更不用说奇异的民族风情和且末风味美食了。

且末的风味美食极具民族特色，但如果说起来，人们总是推荐且末“三奇”。

且末美食一奇，便是“吃瓜不用牙咬”。且末人种五谷，也放牧牛羊，还有丰沛的水源和充足的日照，凡是西北各地能种的水果这里都会产出，而所出产的甜瓜更是举世无双。且末甜瓜，皮之薄几乎可以吹弹而破，但却能从夏天存放到冬天而不坏。在炎炎盛夏，吃一口且末甜瓜，甜润似蜜；在飞雪的冬天再咬上一口，能吮吸到甜冷相激的味道，让人顿时精神百倍。且末甜瓜的瓜瓤嫩得入口成汁，所以只能用舌头和嘴唇来吸吮，初尝之人不得窍门，总是一口下去满嘴喷汁，而老手会像喝茶一样慢慢吸，让瓜液流入口中，由淡变甜，越来越浓，水化无渣，回味绵长。

且末美食第二奇，便是“喝酒要先吃饱”。且末人喜欢喝酒，而且善于喝酒，几乎可以算是无酒不欢。然而他们喝酒并不是一上来就喝，而是严格遵守不空腹饮酒的原则。不管到哪里，且末人款待客人都会在炕上盘膝而坐，吃烤全羊、手抓肉和一种叫作“三合饭”的

Special达人说

且末的神奇美好说不尽，除了盛产美玉、水果之外，还有几十处名胜古迹和山川风光。新疆独一无二的巴依庄园，就位于且末，反映出维吾尔族几个时代的民居和建筑历史。在300多年前，一个如此偏远的小镇上，竟然已经有淋浴设施和地下排水系统，以及别出心裁的自来水设计，对全世界来说都是非常罕见的。来到且末，你会不由自主地感叹新疆人民伟大的创造性。

薄薄的烤馕，至少吃上半个小时之后，大家基本吃饱了，主人才会开瓶倒酒，热情相劝，有时候还会歌舞助兴。

且末美食第三奇，是“家养的鸭子是飞鸟”。从昆仑山一路奔涌而来的车尔臣河，亘古以来便是经过且末，一路向东，经过若羌之后再注入罗布泊，是罗布泊的主要源流之一。然而面对早已成为死亡瀚海的罗布泊，车尔臣河水也不知道从何时起消失在罗布泊西北边缘的茫茫沙砾之中。不过，在且末的这一段车尔臣河，却宛如天上之水，清凉甘甜，沿河两岸仿佛江南水乡一般宜人。当旭日从万顷大漠中飞跃而出，将缤纷的色彩涂抹在昆仑山雪峰之上，车尔臣河上面渔舟飞驰，鸭鹅戏波，河畔牛羊成群，天鹅、大雁等飞禽似乎从朝霞之中降落。让人啧啧称奇的是，且末人家所饲养的鸭子，它们既可以在岸边行走，还可以在水中觅食，放出与回归都是从空中成群飞越。每当有人好奇地问起来，且末人就会骄傲地告诉他们：且末的鸭子都是经过驯化的绿头野鸭，所以个个都是飞翔的好手。而且且末绿头野鸭比普通的鸭子更加肥硕，因为它的习性不同于其他鸭子，用它制作的烤鸭、酱鸭都非常鲜嫩可口，家禽与野味的美味同时兼具。

阿尔金岩画

距离且末县城180千米的阿尔金山北麓，莫勒切河东西两岸的山腰和山丘岩石上，且末人的祖先曾在这里留下了让人惊叹的足迹，而这些足迹至今依旧以岩画的形式保留着。据考证，这些岩画是公元前1000年左右的作品，当时生活在这里的是羌人，他们直至唐代依旧在这里繁衍生息，岩画体现出那时的民族之美。

在阿尔金1000多千米长的岩石上，岩画用古朴的形态表达着曾经在这里生活过的人拥有着什么样的幸福。且末岩画之中的人物画非常明快、豪爽，其中有很多描绘舞蹈场景的画面。画中的人物或者单人翩翩起舞，或者双人、多人一起快乐舞蹈，更多的则是舞者面戴面具，头上插着鹿角、羽毛和其他装饰物，用明快生动的舞姿表现出一种野趣的快乐。

舞蹈固然是且末人生活的主要内容，但是动荡的战争年代，人们也必须

阿尔金岩画

要承受战火蔓延带来的痛苦。岩画也记录了古老的战争场面，画面中有彪悍的山民，充满了生活气息的部落，也描绘了战争解决之后人们的相处方式。岩画用粗线条表达出人们的形象，有的脚踩着祥云在奔跑跳跃，而有的似乎在进行各类体育活动，表现出古代的且末先民丰富的生活。

且末岩画之中的动物也都非常活泼有趣，奇特怪异的骆驼、健壮的野牛、勇敢的牦牛和奔腾的骏马等，说明它们在且末先祖们的生活中已经占据了很重要的地位。那些活泼而快乐的鹿、机警而敏捷的羚羊、稳健而又易受惊的盘羊、狡猾而又自作聪明的狐狸，也都是且末岩画之中的常客，且末人和它们保持着和谐共处的关系，几千年来互相保护着对方的生存空间。

且末人先祖的生活状态也在岩画之中得以体现，骑马狩猎的男子手持着棍棒、绳索、抛石器和弓箭，而集体狩猎的时候，有的人跃马举弓，有的人步行追杀，有的合而捕捉，有的欢呼庆贺，让这幅古人狩猎图显得有声有色。

在且末岩画中，还有一些表现日月星辰、山川河流的符号，这些信息被装饰着条纹、花布和图案复杂的标记，表达着且末先祖对于大自然的崇敬之情。而一些更加复杂的标记中，则加入了很多现代人无法解答的图案与符号，代表着且末人神秘的宗教信仰，让人充满遐想。

且末岩画的线条古朴而明快，虽然线条的粗细各有不同，和天山之上的岩画相比，笔法则更加成熟细腻。经过数千年的日晒雨淋和风沙的侵蚀，这些岩画依旧清晰，令人称奇。

Bo'ertala

神山圣水，博尔塔拉圣境

在新疆辽阔的大地上，有一个神秘而美丽的地方，她的名字像冬不拉一样动听，她自然天成、宽容善良，有高山湖泊，也有深谷幽泉，她就是美丽的博尔塔拉蒙古自治州。

在这里可以涤荡你的灵魂，也可以歇息你的双脚，神山圣水，可以给你最好的抚慰。

天外圣境赛里木湖

博尔塔拉蒙古自治州，位于中国新疆维吾尔自治区西北边缘，被称为中国西部第一门户。独特的地理环境和悠久的历史，造就了博尔塔拉的不同风采，不管是集高山、湖泊、草原为一体的国家级风景名胜区赛里木湖，还是巧夺天工中国西部罕见的山石景观——怪石峪，抑或曲径通幽的国家级森林公园哈日图热格，还是被誉为仙泉、天泉和圣泉的阿尔夏提温泉、鄂托克赛尔温泉和博格达尔温泉，都足以让人们对博尔塔拉充满无限的向往，更不用说比恐龙还要古老的世界独有的”活化石”、孑遗动物新疆北鲵，以及那些分布广泛的草原石人、古城遗址、岩画群、古墓群及出土文物了。

来到博尔塔拉，人们首先想去的必然是赛里木湖。赛里木湖古称“西方净海”，今日，本地居民称之为“海西”；蒙古语称“赛里木淖尔”，意为“山脊梁上的湖”；突厥语中“赛里木”意为“平安”之意；而赛里木湖是

▲波光粼粼的赛里木湖与远处的天山相互辉映，山势雄伟，水波温柔，连在一起顿时化解了缠绕心头的不快。

▲赛里木湖水面波澜不惊，烟波浩渺中好似蕴藏着难以言说的美丽和哀愁。

哈萨克语，是“祝愿”的意思；因传说赛里木湖是由一对为爱殉情的年轻恋人的泪水汇集而成的，所以也被称为“天池”和“乳海”。

与异峰、飞流的名胜以及波涛、逆路的奇景相比，赛里木湖堪称“山脊梁上”荡漾的水天一色的美，展示着与众不同的清与蓝。它另类炫目的静与美，是冰清的诱惑和玉洁的迷醉。

在博尔塔拉蒙古族同胞的眼里，赛里木湖保持着海的本质和风格，流动着海的血液和气息，是养育花草、马鹿、雪鸡、金雕、啄木鸟等异兽珍禽的宝盆，是有天鹅、斑头雁、白眉鸭等水禽栖息的名胜美景。他们始终深信，赛里木湖是海的女儿，不是贪玩走失于深山，也不是为情私奔至草原，更不是由于恶魔作祟而时常有湖怪出没，而是她心怀博爱，情愿远离母亲，远离海的呵护，一路跋涉来到博尔塔拉蒙古自治州境内的北天山脚下，与心爱的雪山相守安居，成为独美一处的高山湖泊。

5月，天山深处的冰雪开始融化，博尔塔拉的野花也悄然绽放，作为新疆海拔最高、面积最大的高山冷水湖，赛里木湖成为大西洋的暖湿气流最后眷顾的地方，所以它也被称作“大西洋最后一滴眼泪”。

由湖面向地势较低的地方平视过去，你会发现渺渺茫茫，水天一色，尤为壮观的是，积云如白莲在水天连接处，分不清是水面飞溅的浪花，还是天边浮游的白云，或是草原深处的羊群来湖边畅饮。不在山涧急流，也不在峡谷湍奔，赛里木湖不是被峰峡挟持的美，也不是被花草娇惯的美，不必过蜿蜒、走险滩、在曲径处探幽，也不必接受骇浪和拍岸的汹涌。它静静地张开臂膀，以质朴和简单在群山围抱中向世人敞开胸怀，舒展辽阔和坦然，敞开与生俱来

> “清澈的湖水是那个动人爱情故事中**姑娘的泪珠**，**云雾缭绕的雪峰**在诉说着姑娘的哀怨，它翠绿欲滴，它伟岸深沉，仿佛在沉默中品尝着**沧海桑田**。”

的清雅之美和爽朗的蓝。

风吹着来自四周山峦的积雪，如悬挂的一幅水墨画；来自湖面未曾消融的冰块，层层叠叠、密密又实实，似大片云朵落在湖中水面。它是积雪临近5月的优雅转身，水光与山色相互映衬的神韵，如梦，又如仙境，心生无限赞美，却倍感词穷。由于气候的原因，部分冰面未完全融化，由冰雪到水的华丽蜕变尚在进行，宛若梦醒时分的天使降落凡尘。任何修辞都会破坏它浑然天成的波澜不惊。将四周的苍凉尽收眼底，将尘埃和浪迹的脚步深藏于心，它只是独自抱紧身体，舒缓内心的寒，悠思涌动。

太阳当空，湖面随风微微波动，它的淡泊、内敛，让人身不由己地安静下来。湖面上亮光闪闪，或是神赐的天空色，镶嵌了点点星子；或是太阳入迷了，似想入非非中的蓝色精灵，目光在身披的鳞片上触电。

这样的赛里木湖，难怪远方的客人都驻足不前了。就在这里静静地休憩，去感受它的苍凉与壮美，感受博尔塔拉的静谧吧。

❶ 日落时分的赛里木湖

日落时分，赛里木湖笼罩在一片柔美的光晕中，宛若一个优雅的新娘。

❷ 赛里木湖边悠长绵延的进山公路

▶赛里木湖湖滨水草丰富，牧场优良，人在湖边悠闲慢行，如行在一幅静谧的山水画中。

怪石林立的怪石峪

博尔塔拉的风景是奇特的，因为

每一处都和上一处有极大的反差，让人以为这不是同一片土地。

怪石峪位于博尔塔拉东北48千米，这个地方蒙古语叫“平坦之沟”，怪石群占地100多平方千米。山脉不高，岩石表面出现大大小小的洞穴，但是洞壁圆浑，是著名的怪石林区。

来到石林，放眼望去，远方尽是连绵不断的丘陵地，高低起伏的地面出现块状的褐色岩石，起初也许你觉得没有什么看头，但是当车子逐渐驶近景点，渐入佳境，在曲折的山路上回旋行驶，收入眼帘的尽是奇形怪状的岩石，一会儿看见好像一只展开双翅膀的老鹰站立在山巅，一会儿又好像看见一条蛟龙飞腾入空，地面岩石怪异，无奇不有，美不胜收。

这里的气候比较湿润，山坡上有潺潺流水，虽然岩石裸露，但是野花野草却生长得很茂盛，尤其是那长在斜坡上的油菜花，橙黄色的一大片，令人陶醉。带不走这大好的美色，还是多拍几张照片来得实际一点。

人工开发后的怪石峪，基本的旅游设施都有，包括坚实的柏油路、停车场、厕所，还有砖石堆砌而成登山台阶、指示牌以及小食店。

沿着石台阶登山，一点也不觉得辛苦，因为山脉不高。一路上听着导游的讲解，靠着自己的观察，你还可以发现很多有趣的景象。右边的山壁上，有个“羊儿怀春”，那是什么呢？定睛一看，山壁上面出现一个类似凸雕，好像一只栩栩如生的羊儿正在回眸思念什么的。再往上看，那不是好像一群张开嘴巴的青蛙吗？就命名“群蛙争鸣”吧，

▲博尔塔拉怪石峪的每一处怪石，都会考验你的想象力。

这难道不是所谓“步移景换”之奥妙吗？好像看电影似的，美不胜收。只要你放眼看去，眼前就会出现什么“蛇虎相斗”“雄狮咆哮”“老衲过桥”“观音洞”，只要你凭着个人的想象，就有无限的景色出现在你眼前，真是一种人生享受呀。

亲近大自然，我们不得不佩服大自然的力量，地面的岩石经过风力和水力的长期作用，就能用鬼斧神工把大地刻画成这么美丽的景色，具有灵性的人类，应该好好保护它，让更多游客来分享大自然的魅力。

神山圣水出温泉

博尔塔拉蒙古自治州温泉县，以泉命名，神山圣水，由来已久。因为偏居西北一隅，山高路远，气候宜人，被人称为“世外桃源”。明朝诗人许景崇写的一首诗：“万古温泉水，百年几度游，炎流从地发，暖气欲天浮。风过亭台爽，山还景物幽，自怜多病害，不是濯口帱。”不得不说这首诗是对温泉形神兼备的赞美和描述。而对现在的人们来说，在这里泡温泉是与自然交融的一次机会，在泡温泉的时候把自己融进大自然里去感受一番天人合一的奇妙。

温泉县有名气的当数鄂托克赛尔温泉即“天泉”、博格达尔镇的“圣泉”、阿日夏提温泉即“仙泉”。如果把仙泉比作一位清丽可人的仙女，那么圣泉就是一位成熟温润的少妇，天泉呢，便是一位寂寞而热烈的少女了。圣泉、天泉、仙泉，三泉乃幸福泉、吉祥泉、功德泉。这些泉，都有一个共性：

"温泉水滑洗凝脂"，以水浴身，不仅可以祛病消灾，还能疗养身体、释放心灵，帮助人们驱除疲惫、愉悦心情，被百姓奉为"神泉圣水"。

"金鸡未叫汤先热，红日初升客满堂。"这一个个泉水池，在没有自来水、更没有太阳能、没有电热水器的年代，温泉就成了当地百姓情有独钟的洗涤身体、驱污治病、强身健体的唯一去处。

老温泉县人都知道，泡温泉澡好处很多，人累了，往池子里一泡，蒸汽一蒸、大汗一出，神经马上就松弛下来了。泡温泉澡既舒筋又活血，对皮肤也很好，一点小感冒只要在池里泡上几泡，很快就好了。要想再舒服点，躺在泉水里，喝上两口热酒，或者再小憩一会，真是赛过"活神仙"。

很早以前，圣泉一直是用木头围成一个个小方池，深一米多，清澈的水底不时泛起一串串水泡，热气一层一层地升起。池底钉一排木板条，池的一角，留有进水口，另一头，则留好出水口，这样，泉水便源源不断地流入池中，另一出口，洗用过的泉水便流出池外。这一进一出，保持着池中泉水始终是一股活水，如人体器官一样，不停地进行着新陈代谢。在方池之上，用石头、砖块垒成平房，再隔成20多个20平方米见方的小间。洗过圣泉的人，如同脱胎换骨一样，男人红光满面，神清气爽；女人皮肤就像是涂了层乳白色的油，滑而不腻，亮而不炫，脸色就如抹了胭脂一样好看。

出温泉县城，沿鄂托克赛尔河西行，一路上绿野如茵、山川辉映，赏心悦目，观峰之冬、谷之春、水之奇。看足了鄂托克赛尔河两岸的风光后，行大约60多千米便到了莫逊乌拉山，天泉就在这里。

天泉，俗称小温泉，前些年，还是"藏在深闺无人识"，人们对其知之不多。主要是那里开发很晚，多年来，只有一条崎岖的牧道通往天泉。天泉，是离天最近的泉。因为经过测量，位于莫逊乌拉山中的天泉，海拔2600多米，三个泉中，只有它离天最近、海拔最高，此泉只有天上才有吧，所以才取名为"天泉"。

仙泉，亦称为"阿日夏提温泉"，位于阿拉套山下的阿日夏提河谷，河谷里绿草茵茵，山花烂漫，白云飘逸，松涛阵阵，牧歌幽婉。置身其间，感到神清目明，远离尘嚣，让人领略透彻心骨的原始朴素之美。

在温泉水的温馨包围中，不由得让人处于半睡半醒中了，你什么都可以想，也可以什么都不想。你像进入了一个梦境，对迷失了的自己已经不在乎了。朦胧的睡意中不知是水拥抱着你，还是你拥抱着水，总之在柔软的拥抱中，在温情的抚摸中，你的身心放松到了极限。你或许以为是回到了从前摇晃着的摇篮，或许以为是浮在那追月的彩云之上，那种飘飘欲仙的感觉是无法用文字形容的。

这时候你也许会觉得：这与大自然浑然结为一体的仙泉就是传说中的人间天堂吧！

专题

新疆美食，吃货们的正确打开方式

Xinjiangmeishi chihuomendezhengque dakaifangshi

新疆，能满足美食爱好者的所有幻想。普通的食材，充足的分量，营养的搭配，让草根气质的新疆美食回味无穷。新疆的自然风光以雄伟、神秘为特色，饮食也多了几分豪迈，少了一些精致。维吾尔族群众以面食为主食，喜食肉类、乳类，蔬菜吃得较少，夏季就餐前后喜食瓜果。种类繁多的新疆美食早已名扬海内外，但要品尝最正宗的滋味，还只能是这片水土滋养之下的食材。

最名贵：烤全羊

烤全羊是维吾尔族人招待贵客的上等佳肴，现在也成为高级筵席中的一道佳品。之所以如此驰名，除了选料考究外，就是它别具特色的制法。

烤全羊多选用周岁左右的肥羊羔为主要原料，厨师介绍时会告诉客人这是没结过婚的“羊娃子”。这样的羊，肉嫩且香无羊膻味，营养价值很高。制作烤全羊时，将羊剥皮、去蹄、去内脏，用一头钉有铁钉的木棍，将羊从头至尾穿上，羊脖子卡在铁钉上防止滑动。再将盐水、孜然粉、胡椒粉、蛋黄、面粉等原料调成糊状，均匀涂抹全羊。烤制

时将羊头部朝下放入炽热的馕坑中，盖严坑口，用湿布密封，焖烤一小时左右。

全羊烤成后外皮呈金黄色，皮脆肉嫩，香味四溢，加之羊头上系红彩绸，嘴里放绿色香菜，可谓色、香、味俱全。食用时将全羊放置在餐车上，由最尊贵的客人用小刀从羊头开始割食。

最家常：馕

“馕”是维吾尔族最主要的面食品，距今已有2000多年历史。

馕的制作方法很特殊，在当地被叫作：打馕。是在特制的土质炉膛（俗称“馕坑”）内烤熟的。馕的品种很多，大约有50多种。主要有肉馕、油馕、窝窝馕、片馕和芝麻馕等。大的如圆桌，小的如茶杯，刚烤熟的馕特别香。由于含水分少，外干内酥，久储不坏、便于携带，当地人待客、送礼及旅行，都少不了馕，据说唐僧取经路过吐鲁番时，从高昌携带的食品就是馕。

烤馕是新疆人的日常主食，以其不同的形制和味道，风靡整个中亚，直达地中海沿岸。有一种原始的烤馕，将面和好，加点盐，不用任何炊具，在沙地上升堆火，待沙子被烤烫后扒出沙坑将面饼埋进去，约一刻钟后取出，磕去表面沙土，便可吃到皮脆心软、喷香扑鼻的烤馕。今天馕的制作方法已很现代，制作工具有馕坑、烤箱，甚至有用微波炉的。但老新疆人还是爱吃从馕坑里烤出来的热馕，他们觉得，那味道才叫正宗。

最风靡：烤羊肉串

烤羊肉串已成为风靡全国的一种小吃了，其实，新疆维吾尔族民间传统的烤羊肉串，既是街头的风味快餐，又是可以上席待客的美味佳肴。正宗的烤羊肉串是用木炭烤制的，色泽焦黄油亮，微辣，有特殊的孜然香味，不腻不膻，肉嫩可口，略带木炭熏香而无煤烟的呛味。

在和田有一条烤肉街，非常有特点，民间称它为“米特尔喀瓦普”，意为“1米长的串烤肉”。这种串烤肉钎子有70～80厘米长，肉块儿多为排骨，烤制方法与烤全羊相近，立在馕坑里烘烤，一次可烤出十几串，味道鲜嫩可口，吃起来非常过瘾。更别具特色的是桌子全部搭建在河道上，听着脚下淙淙的水声，看着河边成荫的绿树，尽情享受美味佳肴，怎一个爽字了得。

更为有趣、难得一尝的要数“肚子烤肉”。何谓“肚子烤肉”呢？就是将羊肚子洗净后，把羊肉剔下来塞进羊肚子里，再倒进些盐水把肉块拌匀，把口系牢，埋进用篝火烧热的沙子里。烧烤的是那只羊肚子，实际吃的是羊肚子里的肉，肚子在这里实际成了“锅”。只有吃到这种肉时，才能享受到羊肉特有的、天然的鲜嫩香味，那独特的滋味是任何其他方法烹制而成的肉食无法替代的，或许，这就是最原始的食俗之一吧！

最豪情：手抓羊肉

手抓羊肉是维吾尔族最具原始风味的传统饮食之一。来到水草丰盛的草原，不论走进蒙古包还是毡房，纯朴好客的主人都会用手抓羊肉来款待您。如果拒绝吃肉，会被认为看不起主人。

在牧区，手抓羊肉的烹制仍保持其原始的风味。把新鲜的羊肉切块放入锅清炖，至七八成熟即捞出食用。一般只放一些盐和洋葱，不放其他作料。为了改善口味，有时也放一些胡萝卜、西红柿等，这样炖的肉，汤更加鲜美。通常吃完羊肉后，还要喝上一碗肉汤，以佐消化。

吃手抓羊肉的讲究很多，一般主人把羊肉装在精致的大盘子中，先将盘子递给最尊贵的客人，由他削下一块羊头上的肉给席上的老者，再削下一块羊耳朵上的肉给年纪最小的人，然后削下一块自己吃，再将盘子递回主人手中，由主人向其他客人分发。有的人家会请客人把割下的肉片装在小盘蘸盐吃。有些主人会将羊肝和羊肺一起炖上，切片后食用，还美其名曰“白加黑”。

手抓肉是哈萨克族牧民招待贵客的必备佳肴，也是喜庆宴会上的主菜。在新疆的城市里，哈萨克族婚礼或宴庆上所上的手抓肉不光有羊肉，还有整牛腿和马里脊肉。

抓饭是维吾尔族逢年过节、婚嫁喜庆日子里招待亲朋贵客的主要食品之一。

抓饭与汉族八宝饭相近似，从味道上分有甜咸两种。甜抓饭多为素抓饭，主要原料为米、鸡蛋、胡萝卜、葡萄干、杏脯、花生仁和清油等。咸抓饭多为肉抓饭，主要原料为米、羊肉、胡萝卜和洋葱等，其色白里有黄，油亮生辉，饭香肉烂，美味可口。

传统食用抓饭，是在客人们洗净手后，围坐炕上，中间铺一块洁净的餐布，盛盘端来后，客人用手直接抓食，故名“抓饭”。如今餐桌上一般都备有小勺，可不必用手抓了。最讲究的要算“阿西漫吐”，也就是“包子抓饭”了。每碗抓饭里放上五六个薄皮包子。只有招待贵宾和亲朋好友，主人才会做这种饭。

最劲道：拌面

拌面又叫拉面、拉条子，是维吾尔族日常主食之一，维吾尔语称“来格曼”。

地道的拉条子都是用纯手工制作的，用水和面，拉制而成圆条状，下锅煮熟后拌菜吃。拉出的面柔韧细长，圆润滑爽，吃起来别具风味。拌的菜多用羊肉、辣椒、西红柿炒制，也有用西红柿和鸡蛋炒的素拌面。一份拌面里既有主食，又有肉类和蔬菜，营养丰富、经济实惠。

最甜蜜：水果

是新疆人都知道一首民谣：吐鲁番的葡萄哈密的瓜，库尔勒的香梨人人夸，叶城的石榴顶呱呱。这些都是新疆最具代表性的水果，到了新疆的人都会买上一些解馋，或者带回家乡让亲朋好友一起感受天山脚下的甜蜜滋味。新疆盛产的新鲜瓜果在一年四季中不绝于市，不管什么时候去，都能有丰富的品种让你眼花缭乱、口水四溢。石榴、西瓜、葡萄、无花果、伽师甜瓜、桑葚、蟠桃、苹果，等等，数不胜数。来到这里，你一定会情不自禁地感叹——新疆美食，亚克西！

图说天下®
国家地理系列

有一种梦想叫新疆

选题策划：陈丽辉
文字编辑：杨　静　韩　飞
美术编辑：刘晓东
图片提供：视觉中国
北京全景视觉图片有限公司